CYM
SOAR-

Evan Jones, awdur y gyfrol.

CYFRES CYNEFIN 1

CYMDOGAETH SOAR-Y-MYNYDD

Evan Jones

Gwasg Christopher Davies
Abertawe

Cyhoeddwyd gyntaf ym 1979 gan
Christopher Davies (Cyhoeddwyr) Cyf
52 Heol Mansel
Abertawe. SA1 5EL

ISBN 0 7154 0493 8

*Argraffwyd gan
Wasg Salesbury Cyf
Llandybïe, Rhydaman
Dyfed*

Cyflwyniad

Pleser yw cael cyflwyno'r gyfrol hon i'r cyhoedd.

Cyfrifaf hi'n gydymaith i dair cyfrol arall gennyf sydd eisoes wedi ymddangos, sef *Ar Ymylon Cors Caron, Cerdded Hen Ffeiriau* a *Balchder Crefft.* Mae'r cyfan yn ymwneud â hanes cymdeithasol canolbarth sir Aberteifi, yn arbennig yr hen ddull o fyw.

Mae'r gyfrol hon yn ymwneud, yn fwyaf arbennig, â'r gwahanol agweddau ar fywyd yr hen gymdeithas ar y mynydd hwn — cymdeithas sydd erbyn hyn bron ymddatod.

Trwy gymorth cyfeillion ac iddynt gysylltiad â chymdogaeth Soar-y-mynydd cesglais ynghyd y defnydd at gyhoeddi'r gyfrol hon. Methais gynnwys y cyfan; efallai y daw cyfle arall i wneud hynny.

Dymunaf ddiolch yn arbennig am gyfraniad y rhai a ganlyn:— David Jones, Y Llythyrdy, Abergwesyn; teulu Pant-y-crâf, Blaencaron (Dôl-goch gynt); Elizabeth Jones, Dinas, Llanwrtyd (Nantstalwyn gynt); John Jones, Y.H., Llanddewibrefi; Mrs Davies, Pontrhydfendigaid (Bryn-glas gynt) a Miss Gwladys Jones, Tregaron (Bronrhelem gynt).

EVAN JONES

Cynnwys

Mynd i'r Mynydd

Gellir cymryd pedair ffordd i fynd i fyny i'r mynydd. Mae un ffordd yn arwain o Abergwesyn; mae un arall o Lanymddyfri, yn dod heibio i Ystrad-ffin a Llyn Brianne o'r dwyrain; mae yma ffordd eilradd sy'n arwain o Landdewibrefi, a hefyd ffordd o Dregaron yn dod o'r gorllewin.

Gofynnaf i chi ymuno â mi i gerdded y ffordd olaf a enwais, sef honno o Dregaron sy'n cychwyn o'r sgwâr fawr lle saif cofgolofn yr 'apostol heddwch', Henry Richard, A.S. Gyferbyn â ni mae gwesty'r Talbot, ac unwaith 'roedd ffarm yn gysylltiedig â'r gwesty, ac yn ystablau'r Talbot y byddai y rhan fwyaf o ffermwyr y mynydd gynt yn 'tynnu lawr' pan ddoent i'r dre ar ddydd Mawrth neu ar ddyddiau ffeiriau. Tŷ sy'n ffinio â'r Talbot yw'r Ivy Bush, a fuasai'n dafarn am flynyddoedd lawer. Er mai tŷ digon diaddurn, isel, hen ffasiwn oedd y Bush, bu'n lle prysur anghyffredin am mai yno am lawer o flynyddoedd y bu'r porthmon Rhys Morgan yn byw. Ar ambell i ddydd Mawrth gwelid yno rai ugeiniau o ffermwyr yn gylch eang i dderbyn eu talu am eu stoc a oedd wedi eu gwerthu i'r porthmon.

Mae'r daith o Dregaron mor bell â Soar-y-mynydd tua deg milltir, ac mae digon o leoedd hanesyddol a diddorol i sôn amdanynt ar y ffordd.

Rhyw hanner milltir o'r dre y safai Ffynnon Garon a fu'n gartre i'r gŵr bonheddig Thomas Jones (Twm Siôn Cati). Yr oedd Ffynnon Garon unwaith yn adeilad delfrydol, yn sefyll yn agos i'r rhes dai a elwid Y Flaenog. Adeiladwyd Ffynnon Garon ar seiliau un o'r hen hafodau a ddefnyddid ar un adeg pan oedd pobl yn rhannu eu hamser rhwng y wlad a'r mynydd bob yn ail. Bu'r lle unwaith yn eiddo i deulu Gwaethfoed — llinach o uchelwyr — ac 'roedd Thomas Jones yn hanu o'r llinach honno. Chwalwyd

Ffynnon Garon tua'r flwyddyn 1894, ond diogelwyd un o'r cerrig arfbais ac arni arfbais y gŵr galluog hwn. Ceir hanes bod Cati, mam Thomas Jones, wedi bod yn cadw ysgol yn Ffynnon Garon. Yr oedd Thomas Jones yn fab cyfreithlon i John, mab i Dafydd ap Madog, ac fe'i henwogodd ei hun fel ysgolor, hynafiaethydd, a bardd. Bu galw mawr am ei wasanaeth i chwilio achau teuluoedd gan fod y Ddeddf Uno a basiwyd ym 1536 yn dweud mai'r mab hynaf fyddai'r etifedd, ac nid fel yr oedd yn hen ddeddfau Hywel Dda, sef bod yr eiddo i'w rannu yn gyfartal rhwng y meibion i gyd. I ddangos fod Thomas Jones yn achyddwr o bwys, gellir nodi iddo gymdeithasu llawer gyda'r uchelwr a'r achyddwr George Owen o'r Henllys Fawr, sir Benfro. Mewn cyfrol sy'n ymwneud â hanes George Owen gan B. G. Charles dywedir, 'Owen enjoyed the friendship and co-operation of two of the outstanding figures of his day in Welsh genealogy, Lewis Dwn, the deputy herald of the College of Arms, and Thomas Jones of Fountain Gate, better known perhaps as "Twm Siôn Cati". They provided him with much of the material for his collections of pedigrees which did not fall within his own special province of West Wales.' Cawn fod Lewis Dwn ei hun wedi bod yn aros yn Ffynnon Garon dros nos ym mis Rhagfyr 1588, pan oedd ar ei daith trwy Gymru yn casglu a chofnodi achau y mawrion a'r tirfeddianwyr. 'Roedd Thomas Jones yn byw yn ystod oes y frenhines Elisabeth, un a roddodd gryn sylw i Gymru a'i phobl. Dyma'r adeg hefyd pan oedd y mynachlogydd yn ymddatod, a'r tirfeddianwyr wrthi'n brysur yn creu ac yn ehangu eu stadau. Fe ailbriododd Thomas Jones â gweddw Thomas Rhys Williams Ysw., Ystrad-ffin, a'r tebyg yw iddo farchogaeth ar hyd y ffordd y byddwn yn ei cherdded i lannau afon Tywi. Efallai bod Thomas Jones yn wyllt ei dymer ar brydiau ac yn benderfynol ei ffordd. Croniclir yr anghydfod a fu rhyngddo a ficer eglwys Tregaron tua'r flwyddyn 1601. 'Roedd ganddo law-ysgrifen ddestlus a cheir enghreifftiau ohoni wedi eu cadw inni.

Cymylwyd ar enw da Thomas Jones gan un T. J. Prichard yn y ganrif ddiwethaf. Ysgrifennodd ef lyfr dan y teitl *The Adventures and Vagaries of Twm Shôn Cati,* gwaith a gyhoeddwyd gyntaf yn Aberystwyth ym 1828 ac a gyfrifir fel y nofel Gymreig gyntaf. Fe'i darllenid, meddir, bron ym mhob cartref yn sir Aberteifi. Yn ôl awdur y nofel hon, lleidr pen-ffordd oedd Thomas Jones, yn ddyn digon creulon i wneud unrhyw anfadwaith fel torri i ffwrdd gynffon tarw. Fe ddywedir i'r awdur yma godi llawer o'r straeon parod o lyfrau eraill. Bu iddo droi y bonheddwr mawr o Dregaron i fod yn Robin Hood o'r math gwaethaf a hefyd yn Ddic Tyrpin.

Daliwyd i'w barddu hyd yn ddiweddar. Mewn llyfryn a gyhoeddwyd tua deng mlynedd yn ôl fe geir a ganlyn — 'Tua chopa'r bryn y mae ogof lle 'roedd yr herwr hwn Twm Siôn Cati yn cuddio yn yr 16eg ganrif. Cymro oedd, yn debyg mewn llawer ffordd i Robin Hood. Ffermwr lleol oedd a garcharwyd am beidio â thalu'r ffordd, dihangodd a throi yn lleidr, er mwyn dial, gan ddwyn popeth oedd yn dod i'w ffordd. 'Roedd yn enwog gyda'r bwa a saeth. Er mwyn ei faglu, daliwyd ei gariad gan yr heddlu lleol a chlymwyd hi wrth gadair ger llaw ffenestr yn ffarm Ystrad-ffin. Llwyddodd y ferch i'w rhyddhau ei hun ac i rybuddio Twm Sôn Cati. Wrth wneud hyn torrodd ei llaw a gadawodd y gwaed argraff ar silff y ffenestr. Honnir bod yr argraff i'w weld yno tan yn gymharol ddiweddar. O'r diwedd maddeuwyd i Twm Siôn Cati a phriodasant, a buont fyw ar ffarm Ystrad-ffin.' Druan â Thomas Jones ddyweda i, — ei enw wedi bod o dan y fath fflangell.

O'n blaen yma mae Dyffryn Croes sy'n ymestyn dros yr afon ac i fyny am Flaencaron. Mae llawer o harddwch yn nodweddu y darn yma o'r wlad.

Yr ochr draw i'r afon hefyd y mae tyddyn Tan-rallt. Rhagor na dwy ganrif yn ôl bu'r ddau ddiwygiwr crefyddol, William Williams, Pantycelyn a Howel Harris o Drefeca, yn cerdded ar hyd y ffordd yr arhoswn arni yn awr, wrth fynd yn ôl a blaen o sir Aberteifi i sir Frycheiniog. Bu llawer o sôn am dderwen Tan-rallt, am i'r emynydd o Bantycelyn fod yn pregethu o dan ei chysgod a chael hwyl yn y man a'r lle i gyfansoddi un o'i emynau —

> Cyfiawnder marwol glwy
> A haeddiant dwyfol loes,
> Y pris, y gwerth, yr aberth drud
> A dalwyd ar y groes,
> A gliria'm meiau'n llwyr
> A'm golcha'n hyfryd lân.
> Ac nid oes arall dan y nef
> A'm nertha i fynd ymlaen.

11

O gerdded ymlaen am dipyn ar y ffordd deuwn at dyddyn Lletyfeurig a saif yr ochr chwith i'r ffordd. Hen enw Lletyfeurig oedd Clapsini. Mae'r ffordd yn weddol wastad hyd yma. Ond ceir tro sydyn ynddi a dyma ninnau yn dechrau dringo'r rhiw gyntaf. Tua chanllath i fyny'r rhiw ar yr ochr dde mae "Sgoldy'r Rhiw", sy'n gangen o eglwys M.C. Bwlch-gwynt, Tregaron. Adeiladwyd hi yn y flwyddyn 1866, yr un flwyddyn ag y daeth i fod y rheilffordd o Gaerfyrddin i Aberystwyth, a dyma hefyd y flwyddyn y cychwynnwyd y ffair fisol yn Nhregaron. Mae'r ffair a'r rheilffordd ymhlith y pethau a fu, ond fe erys "Sgoldy'r Rhiw" ar agor. Fe'i codwyd trwy ymdrechion pobl dda yr ardal. Bu'r adeilad hwn yn ganolfan i grefydd a diwylliant i sawl to o blant yr ardal. Tua'r adeg y codwyd yr adeilad hwn, 'roedd ffermydd a thyddynnod a thai yn britho ardal Croes a Berwyn.

Teulu'r Herbertiaid

Daeth rhai aelodau o'r teulu nodedig hwn i fyw i'r ardal hon. 'Roedd y teulu o dras enwog a chyfoethog ar un adeg. Daeth rhai i fyw i Hafod Uchtryd adeg teyrnasiad y frenhines Elisabeth. Buont â rhan mewn gweithio mwngloddiau plwm ar raddfa eang yng ngogledd sir Aberteifi. Gallai'r teulu hwn ddilyn eu tras yn ôl i'r brenin Harri'r cyntaf. Bu un ohonynt, sef Edward, a adnabyddid fel Arglwydd Cherbury, yn byw yn y castell o'r un enw ym Maldwyn. Yno hefyd y trigai ei frawd George Herbert, y bardd crefyddol, a dywedir mai ef oedd athrylith fwyaf y teulu. Bu ef farw'n gymharol ifanc, yn ddeugain namyn un. Mae Lloegr yn ddyledus iawn i'r bardd hwn o Gymru am ei farddoniaeth. Yr ydym ninnau fel cenedl yn ddyledus i'r Parch. Evan Rees (Dyfed) am gyfieithu i'r Gymraeg un o'i emynau. Dyma'r pennill cyntaf:—

Arnom gweina Dwyfol Un
    Heb ei ofyn,
Mae ei ras fel ef ei hun
    Yn ddiderfyn,
Blodau'r maes ac adar nef
    Gedwir ganddo.
Ond ar ddyn mae'i gariad ef
    Diolch iddo.

Bu i deulu Hafod Uchtryd adeiladu'r eglwys newydd yn ymyl y plas ym 1620, a hwy hefyd a fu'n foddion i godi 'Capel Anwes' Llantrisant. Un arall o deulu'r Herbertiaid oedd y Parch. David Herbert, Rhiw-bren-fawr, Dihewyd.

Daeth un o'r teulu, sef Charles Herbert, i fyw i Bantseiri. Gwelir y lle hwn yn eglur ar ôl i ni ddod i ben uchaf Rhiwdywyll. Teulu dŵad felly oedd yr Herbertiaid i ardal Tregaron ac i gwmwd Croes a Berwyn. Daeth brawd arall, Edward Herbert, i fyw i ffarm Pen-bont, a saif ar lan afon Teifi yn ymyl Pont Einon tu draw i Dregaron. Adnabyddid Pen-bont y pryd hwnnw fel Camer-isaf. Bu i deulu'r Herbertiaid luosogi yn yr ardal, yn arbennig o 1665 hyd 1875. Claddwyd deg o'r teulu ym mynwent eglwys Tregaron a bedyddiwyd o leiaf ddeg o'r plant o 1669 hyd 1726. Bu'r Charles Herbert uchod hefyd yn ffarmio Cwmberwyn, ffarm ddefaid sy'n ffinio â Phantseiri. Y cyfeiriad diwethaf a gawn at yr Herbertiaid yn yr ardal yw at John, a oedd yn felinydd ym Mhentre-ucha Tregaron, ac a fu farw ym 1772. Mynnodd un o'r teulu, Dafydd Coch Herbert, drefnu i gael carreg yn barod i'w gosod ar ei fedd ym mynwent eglwys Tregaron. Yr oedd yn garreg anferth a garw a safai yn ymyl Cwmberwyn. Dygwyd y garreg oddi yno ar gart-llusg a dynnid gan ddau ych. Bu'r garreg hon ar fedd Dafydd Coch Herbert hyd y flwyddyn 1879, pryd y torrwyd hi yn ddarnau gan ryw fasiwn dihidio a oedd yn gweithio ar furiau'r eglwys ar y pryd.

Teulu'r Selbys

Rhagor na dwy ganrif a hanner yn ôl daeth teulu dieithr arall i fyw i'r un gymdogaeth, sef i ardal Croes a Berwyn. Gyrrwyd Evan Selby a'i wraig yma gan dlodi o ogledd Lloegr. Erbyn hyn nid oes dim hanes ar gael am y teulu hwn cyn iddynt gyrraedd ardal Tregaron. Yr oedd iddynt chwech o feibion a dwy ferch. Tua'r flwyddyn 1734 ymfudodd y teulu i America. Fe gofiwn mai hwn oedd cyfnod yr ymfudo mawr o orllewin Cymru, a gadawodd rhai cannoedd o bobl sir Aberteifi am America, yn fwyaf arbennig oherwydd tlodi'r cyfnod. Yr oedd Evan Selby, y penteulu yr adeg honno, yn un a deugain mlwydd oed. Yr oedd y mab, Evan, yn un ar bymtheg, a daeth ef yn ddiweddarach yn gyfoethog, a'i fab yntau, Isaac a enwir yng nghofnodion y wlad newydd fel Governor Isaac Selby. Rhaid fod ysbryd anturiaethus yn perthyn i'r teulu hwn, canys yr oeddent wedi crwydro cannoedd o filltiroedd cyn dod i Dregaron. Wedi cyrraedd yr Unol Daleithiau prynodd y tad (Evan) ddeuddeg cant o erwau o dir yn nhalaith Pennsylfania, lle yr oedd rhai Cymry wedi ymsefydlu yn barod. Gydag amser buont o ddylanwad mawr mewn llawer cylch. Un o ddisgynyddion y teulu hwn yn America oedd y nofelydd Ben Ammes Williams. Efallai nad ymfudodd y teulu oll o gylchoedd Tregaron, canys claddwyd un Elisabeth Selby ym mynwent eglwys Llanbadarn Odwyn ym 1781.

Ymhlith y rhai a gydymfudodd â'r Selbys i America yr oedd Mary Roberts o blas y Gorwydd, Llanddewibrefi. Prin iawn yw'r cyfeiriadau yn llenyddiaeth Cymru at y wraig anturiaethus hon. Ni wyddom a oedd cysylltiad o'r blaen yn bod rhwng y Selbys a Mary Roberts, neu efallai bod y sawl a oedd yn gyfrifol am drefniadau'r ymfudo wedi rhoi i'r gwahanol deuluoedd restr o'r rhai a oedd i hwylio ar y llong nesaf. Gwyddom fod yna deiliwr o Langeitho tua'r adeg hon yn gweithio yn llawn-amser i drefnu'r teithiau hyn. Mae pob Cymro yn siŵr o fod yn gyfarwydd â pheth o hanes Mary Roberts am ragor nag un rheswm. 'Roedd hi'n fam-gu, (neu'n hen fam-gu?) i'r Parch. Henry Ward Beecher a Harriet Beecher, y brawd a'r chwaer a wnaeth gymaint o gyfraniad i'r mudiad i ddileu caethwasiaeth yn America a'r byd drwyddo. Areithiai'r brawd o bulpud ac oddi ar lwyfan, a'r chwaer hithau trwy ysgrifennu i'r wasg, a bu ei llyfr *Uncle Tom's Cabin* o ddylanwad mawr i danio dychymyg yr arlywydd Abraham Lincoln, y gŵr a fynnodd ddeddfu er mwyn dileu caethwasiaeth yn y wlad fawr honno. Ymhen blynyddoedd cyfieithwyd y llyfr i'r Gymraeg dan y teitl *Caban F'ewythr Tomos,* llyfr y cafodd llu o Gymry ymhobman flas ar ei ddarllen.

Yn y *Red Dragon* am y flwyddyn 1866 ceir y nodyn a ganlyn, *"It was stated that Mary Roberts who left Llanddewibrefi about 1726 was the great grandmother of the Rev. Henry Ward Beecher, who on a lecturing tour through Wales the other day made very pathetic inquiries for her."*

Cwmberwyn

Dyma ni wedi cyrraedd Cwmberwyn, sydd ryw dair milltir o Dregaron. Mae hwn yn lle ac iddo lawer o hanes diddorol. Mae'r adeiladau yn cael eu cysgodi gan y ddwy graig gribog, Craig y Fintan a Chraig Pantseiri. Mae aruthredd y rhain yn ein hatgofio am oes y rhew yn yr amser pell yn ôl. Gellir canfod y ddwy graig fawr a enwais o lawer man yn sir Aberteifi. Fy hun byddaf yn hoffi meddwl mai wrth gerdded dros Ddrysgol y Ffos ger pentre Swyddffynnon, a syllu draw dros Gors Caron un noson o haf y canodd y bardd o Ystrad Meurig ei fugeilgerdd brydferth —

Mae'n bwrw 'Nghwmberwyn, a'r cysgod yn estyn,
Gwna heno fy mwthyn yn derfyn dy daith,
Cei fara a chawl erfin iachusol, a chosyn,
A menyn o'r enwyn ar unwaith.

Ffermdy Cwmberwyn wrth droed y mynydd.

15

Cofiaf innau hefyd am aml i haf cyfatal a sylwi ar y cawodydd yn cerdded gydag ochr y mynydd o gyfeiriad Llanddewibrefi am Gwmberwyn, a'n gadael ni yn ardal Llwynpiod ynghanol glesni'r ffurfafen heb ddiferyn o law yn disgyn arnom.

Bu amryw o ddeiliaid o dro i dro yn dal ffarm Cwmberwyn. Yn y flwyddyn 1792 y deiliad oedd un John Morgan. Pan wyf i yn cofio, teulu Pentrepadarn, Llwynpiod oedd y deiliaid yno a'r ffarm yn eiddo i deulu'r Loxdales (Castle Hill, Llanilar). Cynhelid ysgol sul yno yn y blynyddoedd rhwng 1810 a 1816.

Y Diffwys

Awn yn ein blaen yn awr, a dringo'r rhiw sy'n pasio'r ffermdy hwn. O'r golwg ar y dde mae Llyn Berwyn, a gyfrifir yn un o lynnoedd mwyaf deniadol sir Aberteifi. Yma y tardd dwy afon, sef y Berwyn sy'n rhedeg i gyfeiriad Tregaron, a Doethie a gymer gyfeiriad arall, ar hyd Cwm Doethie i ymuno ag afon Tywi. Rhostir a thir garw sy'n amgylchu'r llyn, ond er hynny dywedir fod gwaelod y llyn ei hun yn galed ac yn saff i fynd iddo. Milltir a hanner yw amgylchedd y llyn, ei ddyfroedd o liw'r mawn. Mae'r brithyll yno, meddir, o liw gwahanol i'r rhai sydd i'w cael mewn afonydd eraill o amgylch. Dywedir i fynachod Ystrad Fflur ddod â rhywogaeth arall o frithyll i'r llyn, rhai mwy tywyll eu lliw ac yn drymach ar y cyfan. Ceir ambell sewin yno hefyd, a dywed rhai i ambell un o'r pysgod hyn ddod yno o afon Doethie, ac wedi methu ffeindio eu ffordd yn ôl i'r afon ddechrau magu yn y llyn.

Bu Llyn Berwyn, a saif bedair milltir a hanner o Dregaron, yn feca i bysgotwyr. Saif y llyn mewn man clir ac iach, bymtheg cant o droedfeddi uwchlaw arwynebedd y môr. Ceir yno ddigonedd o bysgod ar bob adeg, ond tipyn o dasg yw eu dal ar brydiau. Mae'r brithyll a geir yno yn pwyso ar gyfartaledd rhyw bwys a hanner yr un. Y pysgotwr enwocaf a fyddai'n mynd yno oedd Dai Lewis, Tregaron. Dyma un o'i hoff gyrchfannau. Cyfrifid ef yn bennaeth y pysgotwyr. Un o blant Tregaron oedd Dai, wedi ei eni ym Mhenllyn, Pentre, Tregaron, yn y flwyddyn 1880. Erys yn un o enwogion Tregaron ymhlith pysgotwyr, fel y mae enwau Henry Richard, A.S., a Syr John Rowland ym myd gwleidyddiaeth.

16

Bwlch Cwmberwyn. Gweler y ffordd sy'n arwain i'r mynydd yn y pellter.

Cafodd ef lawer i helfa dda yn Llyn Berwyn. Aml i dro byddai yn troi tuag adre a'i fasged bysgota yn llawn. Cyfrifid Dai Lewis yn feistr ar wneud cylion sych. 'Roedd ganddo hefyd wahanol enwau ar y gwahanol fathau o'i wneuthuriad, fel y 'Sun Fly', 'Devonshire Doctor' a'r 'Paragon'. 'Roedd ganddo un arall a alwai'n 'Chief', o barch i'w gyfaill Steven Jones, gŵr a fu unwaith yn brif gwnstabl heddlu sir Aberteifi. Er hynny, cadwodd ef yn gyfrinach lawer un arall, er colled fawr i bysgotwyr Llyn Berwyn ac afon Teifi. Fel y dywedodd un o ffrindiau Dai, sef Syr John Rowland, '"Roedd y pryfed o waith Dai, nid yn unig yn brydferth, ond hefyd yn rhai a ddenai'r pysgod i gydio ynddynt, a'u cael i'r fasged bysgota." Gwyddai Dai Lewis hefyd am bob pwll o werth yn rhan uchaf afon Teifi, fel Pwll Ceffylau, Pwll y Gorlan, Pwll Efail-fach, Pwll Dylog Fawr, Pwll y Wal a Phwll Ysgoldy. Mae dewin y pysgod wedi ein gadael ers sawl blwyddyn bellach, ac wedi ffarwelio â Choch-y-Bonddu', a phlu 'Iâr y Mynydd'. Ar lan afon Teifi y bu farw'n dawel, a gwialen bysgota yn ei law.

17

Er bod Llyn Berwyn dan oruchwyliaeth y Tregaron Angling Association, anodd oedd gwylio'r llyn ar bob adeg. Am hynny deuai'r potsiers yno i ddim ond un pwrpas, sef dal pysgod. Defnyddiai'r rhain declyn a elwid 'y dwrgi', un a ddefnyddid hefyd yn ddirgel ar lynnoedd fel Llyn Eiddwen, a Llynnoedd Teifi. Mae'r sawl a fu yn gwrando yn y Cwrt yn Nhregaron 'slawer dydd ar gyfreithwyr huawdl yn erlyn ac yn amddiffyn yno, yn gwybod beth oedd y 'dwrgi', ei hyd, ei led, a sut i'w ddefnyddio'n iawn i ddod â helfa dda i'r lan. Cofiaf rywun yn dweud un tro yn Nhregaron fod pysgod wedi eu potsio o afon yn fwy blasus na rhai a ddelid yn gyfreithlon. Byddai raid i oruchwyliwr fod yn meddu ar nerfau cryfion i wylio Llyn Berwyn wedi nos, canys mae'r dyfroedd yno yn ddwfn iawn mewn mannau a thir corsiog yn ei gylchynu.

Awn yn ôl eto hyd at y ffordd fawr sy'n arwain ymlaen am Abergwesyn. Cerddwn ymlaen dros 'Ffos y Cenglau', enw a roddid ar ddarn o'r ffordd honno. Mae'r tir yn llaith, ac yr oedd y ceffylau 'slawer dydd yn suddo ar y darn hwn o'r ffordd hyd eu cenglau. Yna ymlaen dros Esgerferwyn neu Esger-ffrwd. Er bod y rhan hon o'r ffordd yn ddigysgod, mae'n werth oedi yma, ac edrych yn ôl i gyfeiriad sir Aberteifi. Mae'r olygfa yn un hyfryd dros ben, ac fe gawn ein drysu rywfodd, a methu lleoli rhyw fannau y gwyddom amdanynt, ynghanol y clystyrau o dai a chaeau, a'r rheini yn britho ein llygaid am beth amser.

Bu llawer un yn nerfus wrth fynd dros y rhan hon o'r daith o dro i dro. Un o'r rheini oedd y Parch. Ebenezer Richard, Tregaron, pan fyddai ar ei daith bregethu i Soar-y-mynydd. Wedi rhai troeon o fynd ar ei geffyl heb gwmni, gwnaeth gais am rywun i'w gyrchu ac i fod yn gwmni iddo. Un o'r rhai a fu yn ei nôl o Dregaron droeon oedd William Williams, Tyncornel, gŵr a gyfrifid yn un o'r cymeriadau mwyaf amlochrog a gwreiddiol oedd yn byw ar y mynydd y pryd hwnnw. Medrai ef gadw'r pregethwr yn dawel ei feddwl gyda'i lu ystorïau. Yr oedd William Williams yn byw o 1760 i 1840.

Dyma ni wedi cyrraedd Ffrwdargamddwr, a cheir yma groes-ffordd o ryw fath. Os trown i'r dwyrain awn heibio Nant-y-maen a Moelprysge, a chyn hir down at darddiad afon Tywi yng nghors Tywi, gerllaw Moelprysge. Y ffordd sydd yn arwain yn syth ymlaen yw honno sy'n mynd am Abergwesyn, a adnabyddir o hyd fel hen ffordd y porthmyn.

Yn awr trown ar y dde gan ddilyn afon Camddwr i lawr ar ei thaith. Gan mlynedd yn ôl, o fynd oddi yma am gapel Soar-y-mynydd, byddai raid croesi'r afon yn ôl a blaen naw o weithiau, ond mae'n haws na hynny erbyn hyn. Dyma'r ffordd a ddaw i ben ei thaith wrth fynd i mewn i dir Nant-llwyd ym mhen isaf Cwm Camddwr. Ar y darn hwn o'r ffordd unwaith gwelid ffermdy a elwid Rhyd-y-meirch, ac yn nes ymlaen mae ffarm Maes-glas a elwid unwaith yn Faes-yr-alanas. Dywedir i frwydr waedlyd gael ei hymladd yn y parthau hyn, ac mae'r ddau enw uchod, ynghyd â Rhydhalog a safai yn is i lawr na chapel Soar, yn ein hatgoffa o'r dyddiau terfysglyd hynny. Ceir tŷ hefyd o'r enw Ffoshalog tua milltir tu allan i Dregaron ar y ffordd i Langeitho.

Dyma ni wedi cyrraedd y ganolfan a roddodd enw i'r darn hwn o'r mynydd, sef cymdogaeth Soar-y-mynydd. Yma y byddwn yn ceisio croniclo peth o hanes y fro ddiddorol hon.

Y Cyfnodau Cynnar ar y Mynydd

Cyfrifir y darn o'r mynydd o Glaerwen i lawr hyd at Y Fanog yr un mwyaf unig a thenau ei boblogaeth o ucheldir yr Alban i lawr yr holl ffordd hyd yma. Y tebyg yw y byddai'n deneuach fyth oni bai am y nifer o dai ffermydd a godwyd rywbryd yng nghyffiniau rhan uchaf afon Tywi, ffermydd fel Nantstalwyn, Nant-rhwch, Dôl-goch, Bronrhelem a'r Fanog, ac amryw eraill sydd wedi diflannu erbyn hyn.

Mae uchder y darn hwn o'r mynydd yn amrywio o ddwy fil o droedfeddi o ben y Drygarn fawr i gyfeiriad Abergwesyn, hyd yn agos i bymtheg cant uwchlaw arwynebedd y môr ger Llyn Berwyn i'r gorllewin i gyfeiriad Tregaron.

Ni ŵyr neb pa bryd y daeth pobl i babellu neu i drigo gyntaf yn y parthau hyn o'r mynydd. Gallwn, er hynny, ddyfalu i rywrai fel y Brythoniaid ddianc yma adeg y daeth y Rhufeiniaid i oresgyn Cymru, ac iddynt fyw trwy fwyta pysgod o afonydd Tywi, Doethie a Chamddwr. Daethant hefyd i wybod fod defnydd tân yn y gwahanol gorsydd a geir ar rannau o'r mynydd sef mawn. Nid yw'r darn hwn o'r mynydd yn brin o dyfiant o ryw fath, er mai garw a bras yw, a'r syndod yw bod stoc y mynydd yn edrych bob amser mor raenus ar ôl pori'r tyfiant hwn.

Ar lethrau gorllewinol y mynydd ceir olion bod dynion wedi mynd ati'n gynnar i lafurio'r bronnydd arno. Os am weld ôl y llafurio hwn a fu i geisio cael bywoliaeth o'r darn hwn o'r mynydd-dir yma, nid oes dim yn well na mynd ar y ffordd fawr o Bontrhyd-fendigaid i Gellan — taith o tua deuddeg milltir. O edrych i'r chwith i ni fe ganfyddwn fod rhywrai wedi bod yn herio tir y mynydd, a gwelir ôl eu llafur yn y cloddiau a luniwyd ganddynt, a'r coed a blannwyd i fod yn gysgod rhag 'gwynt y môr'. Digwyddodd y rhan fwyaf o'r gwaith o dynnu tir i mewn yn ystod y ganrif ddiwethaf. Grym braich a chorff a ddefnyddiai yr hen fois. Nid oedd sôn y pryd hwnnw am beiriannau anferth fel y J.C.B. Oherwydd hyn aeth llawer to o werinwyr yn hen ac yn gripil cyn pryd.

Bob yn dipyn y digwyddodd y newid, drwy dynnu cae i mewn yn awr ac yn y man. Er mai tyddynnod oedd y mwyafrif o'r cartrefi newydd, eto tyfodd ambell i ffarm i faintioli mwy na'i gilydd, fel y Camer-fawr a Phen-cefn yn ardal Tregaron. Y ffordd orau i weld rhan o'r gweithgarwch a fu wrth geisio troi y mynydd llwm yn lleoedd cysurus i fyw arnynt fyddai cymryd ffordd y mynydd o Dregaron, yna ymhen rhyw filltir troi ar y dde i ffordd arall a mynd dros Riwgwreiddyn. Yma gwelir olion o'r hen ddiwydrwydd yr holl ffordd i fyny — y clwstwr tyddynnod a thai ar hyd Cors Neuadd, gydag ysgoldy o'r enw Blaen-nant a fu unwaith yn ganolfan grefyddol a diwylliannol i bobl y cylch ddod at ei gilydd. Y ffarm uchaf a dynnwyd i mewn yw Tangarn-felen, ac wrth fynd at y ffarm hon byddwn yn pasio Pantrhedyn a Phant-glas, Brynamlwg, a Brynwernen a llu o rai eraill. Magwyd teuluoedd lluosog yn y gwahanol gartrefi yn y rhan hon o'r mynydd.

Meddyliais mor drawiadol yw llinellau'r bardd Crwys i'r hen oes honno o bobl weithgar —

> Y neb a fu'n graenu'r mynyddoedd,
>   Ddilladodd y twyni ag ŷd
> 'Roes ddaear am esgyrn y creigiau
>   A mêr ar y cyfan i gyd.

Heb fod yn hir daeth y chwyldro diwydiannol a dechreuodd aml i benteulu symud, a chwilio am waith arall er mwyn cael mwy o hamdden, a thâl wythnosol. Bob yn dipyn aeth llawer o'r hen gartrefi â'u pennau iddynt, a'r hen wylltineb yn dychwelyd yn ôl yn araf gan daflu sen megis ar yr hen oes ddiwyd.

Er hynny mae aml i afonig a red o'r mynydd tua'r gorllewin am afon Teifi yn dal i redeg ac i fod o wasanaeth i drigolion y cylch, rhai fel Fflur, a Brenig, a Charfan a Brefi a Dulas, cyn colli eu hunaniaeth yn afon Teifi. Er mai byr yw eu taith, buont unwaith yn ddefnyddiol i droi ambell i rod ddŵr i ffatri a melin flawd fel un

21

Fflur, a melin flawd Tregaron, a ffatri wlân yn Nhregaron a ffatri a melin ym mhentre Llanddewibrefi.

Yr Arglwydd Rhys yn ddiau oedd y Cymro pwysicaf yn ei ddydd. Yr oedd yn filwr dewr ac yn rheolwr doeth. Cafodd dir Ceredigion, Ystrad Tywi a rhan o Ddyfed am iddo roddi cefnogaeth i'r Brenin Harri. Bu'r Arglwydd Rhys yn hael tuag at y mynachod ac yn arbennig felly tuag at Urdd y Sistersiaid neu'r Brodyr Gwynion. Rhoddodd iddynt lawer o dir yn rhad. Daeth rhan o'r mynydd, yn ogystal â thir isel ffrwythlon yn sir Aberteifi, yn eiddo iddynt a phrofasant hwy eu bod yn weithwyr ac yn fasnachwyr da. Setlodd y mynachod Sistersaidd i lawr yn yr hen Ystrad Fflur ym 1164.

Gellir bod yn sicr mai mynachod Ystrad Fflur a ddaeth â'r defaid cyntaf i bori'r mynydd. O holi rhai o ffermwyr hynaf yr ardal flynyddoedd yn ôl, ni allai neb fentro ateb o ba wlad y daeth y brîd defaid cyntaf yma, brîd a fu mor llwyddiannus i gynyddu'n naturiol. Defaid penwyn a fu yma ar hyd y canrifoedd, ac ni cheisiwyd eu newid gan mor foddhaol fu'r fenter. Ni ddygwyd chwaith hyrddod o fynyddoedd eraill i geisio cael gwaed newydd. Cadwent yn flynyddol rai o'r ŵyn gwryw gorau o'r stoc i fod gyda'r defaid yn ystod yr hydref.

Yn ystod cyfnod y mynachod, gwlân oedd prif nwydd masnachol y mynydd, a thebyg i'r cnwd blynyddol fod o help mawr yn ariannol iddynt. Ceid fod rhai o denantiaid y Fynachlog yn talu'r rhent blynyddol am eu tir mewn gwlân. Telid mewn topstanau — un topstan yn pwyso un pwys ar ddeg a phob topstan y pryd hwnnw yn werth un geiniog. Talai ffermwyr parsel Blaenaeron ddau dopstan ar hugain fel rhent blynyddol.

Yn ystod ei frenhiniaeth rhoddodd y brenin John hawl i fynachod Ystrad Fflur ddanfon eu gwlân dros y dŵr i'w werthu, a'r hawl i fod mewn grym am dair blynedd. I Ffrainc y danfonid y gwlân yr adeg honno gan fod cryn drafnidiaeth yn bod rhwng Ffrainc a Chymru. Nid oedd gan Gymru fawr o syniad am adeiladu llongau; felly byddai gwŷr Ffrainc yn dod â pheth o'u cynnyrch draw yma i'n porthladdoedd ni, yn fwyaf arbennig gwinoedd a halen, yna mynd â'r gwlân yn ôl i Ffrainc yn eu llongau hwy.

Yn y flwyddyn 1281-2 torrodd clwy'r 'scab' allan a chollwyd yr holl ddefaid yn swydd Morgannwg, ond nid oes sicrwydd a fu iddo effeithio ar ddiadell mynachod Ystrad Fflur. Yn ôl cyfrifiad defaid

22

yn y *Taxatio Ecclesiastica* yn y flwyddyn 1291 'roedd mynachod
Ystrad Fflur yn meddu ar 1,327 o ddefaid. Yr oeddynt hefyd yn
cadw dynion llawn-amser i edrych ar ôl eu defaid ar dir Ystrad
Fflur a Chwm-hir. Ni cheir enwau'r dynion hyn fel a geir yn hanes
mynachlog Tintern. Gydag amser cyflogid rhagor o ddynion i
edrych ar ôl y preiddiau a oedd yn cynyddu o flwyddyn i flwyddyn,
a'r tebyg yw mai dyma ddechrau'r arfer o gadw bugeiliaid ar y
mynydd.

Mae'n wir na cheir enwau cartrefi i'n hatgoffa am yr hen
hafodau ar fynyddoedd Tregaron a Phontrhydfendigaid fel a geir
yng nghyffiniau y Mynydd Bach ger Llyn Eiddwen, rhai fel Hafod
Gruffydd, a'r Hafod Fawr yn ardal Bethania. Yna i fyny yn ardal
Cwmystwyth ceid Hafod-gau, Hafod Uchtryd, Hafod Uchared a
Hafod-yr-abad. Ceid hefyd Hafodau i gyfeiriad Goginan, a Hafod-
y-gofaint yn ardal Ystrad Meurig, a Hafod-y-dwn a'r Hafod
Newydd ar y gwastadedd rhwng Tregaron a Rhydfendigaid.

Tybed ai hen hafodau unwaith oedd rhai o gartrefi'r mynydd, a
bod y sawl a gododd babell gyntaf yno yn gwybod i'r dim ble i'w roi
ei hunan i lawr. 'Roedd y rhan fwyaf o hen gartrefi'r mynydd yn y
cysgod rhag rhyw wynt neu'i gilydd. Enghraifft o hyn oedd
Ffrwdargamddwr, a hefyd Bryn-glas yn glyd rhag gwynt y môr
(gwynt y gorllewin), a Nantstalwyn yn cael ei gysgodi rhag pob
gwynt bron. Er hynny fe gawn ambell i ffarm fynydd, fel y Diffwys
a Nant-y-maen, yn fwy agored i stormydd na'r rhan fwyaf o
gartrefi'r tir uchel.

Ymhen amser, daeth y mynachod i ddefnyddio nôd neu nodau
ar eu defaid. Ni wyddom beth oedd y nod a ddefnyddient, ond
mae'n amheus a geid nodau clust yn y canrifoedd cynnar hynny.

Prin yw'r hanesion a geir am hanes bywyd y mynydd o'r adeg y
bu raid i'r mynachod adael ac am rai canrifoedd ar ôl hynny. Pwy a
ymgymerodd â bywyd tawel a digyffro yr erwau llonydd ac unig?
Pwy a aeth ati i adeiladu iddynt eu hunain dai i fyw ynddynt? O ble
y cawsant y defnyddiau crai? etc. Ond dal i gynyddu a wnaeth y
defaid yn y wlad yn ogystal â'r mynydd, ac ymserchodd gwŷr y tir
isel hefyd yn y ddafad. Canodd ryw fardd tua'r flwyddyn 1720, na
wyddom ei enw, gân o glod i ddefaid y mynydd —

Defaid caledion beunydd
Sydd ymhob cwr o'r môr i'r mynydd,
Maent hwy'n fuddiol iawn i feddu
I'r sawl a'u pryno yn orau yng Nghymru.

Gwelwyd rhagor na dwy ganrif arall cyn i ogoniant bugail y mynydd golli ei lewyrch, a chyn dechrau tynnu sylw plant y mynydd at fywoliaethau mwy cydnaws â'u hanianawd.

Byw ar y Mynydd

Yn ei gyfrol *Crwydro Llŷn ac Eifionydd* dywed Gruffydd Parry fel hyn wrth ddisgrifio Cwm Pennant — 'Nid diddymdra na llonyddwch, nac anghofrwydd, ond yr heddwch sicr, tawel, a brofodd pobl sydd wedi byw yn agos i bridd y ddaear, ac wedi profi cyfrinachau gwyrthiau'r geni yn y Gwanwyn a gwyrthiau'r marw yn yr Hydref, pobl sy'n cael eu cloi gan aeafau a'u meddwi gan hafau. Mae'r heddwch ar gael mewn llawer lle mae'n debyg. Mae Cwm Pennant yn gyforiog ohono.'

Mae'r darn blasus uchod yn wir iawn hefyd am fynyddoedd Tregaron a Brycheiniog a'u preswylwyr. Mae'r rhai a gafodd gyfle i adnabod peth o'r gymdogaeth helaeth hon o'r 'Mynydd Mawr' yn gallu tystio mai'r un yw'r gwirionedd o hyd ym myd natur, tiriondeb a mwyneidd-dra a chreulondeb bob yn ail; mae'n fyd sy'n gallu bod yn ddidostur o greulon a chaled weithiau, yn chwipio ei gynddaredd ar draws yr unigeddau llonydd nes gwneud i ddyn ac anifail yno fynd i guddio ac ofni'r gwaethaf. Ar ambell i aeaf a gwanwyn cynnar adroddir am stormydd yn dinistrio yn ddigywilydd fel pe wedi meddwi'n chwil.

Hyd yn hyn yn y ganrif hon bu i bedair ystorm enbyd o eira a lluwchfeydd chwythu dros ganolbarth sir Aberteifi — rhai 1916, 1929, 1947 ac un 1963. Cytuna pob mynyddwr er hynny mai gaeaf 1947 oedd yr un mwyaf enbyd. Daeth ar ôl haf tesog a hirfelyn, a chollodd ffermwyr y mynydd ar gyfartaledd hanner a rhagor o'u stoc ddefaid. Gadawodd y gaeaf hwn ei annibendod, ei golled, a'i ddiflastod ar ei ôl. Daeth y storm heb fawr o rybudd.

Merch dair ar ddeg oed oedd Mrs Olifer (Abermagwr yn awr) pan aeth yng nghwmni ei thad un bore ym mis Ionawr 1947 yng Nghwm Tywi i ffarm y Traws-gerch ger Abergwesyn, gan gerdded rhan o'r daith a theithio'r rhan arall ar feic. Wrth gerdded yn hamddenol dros y mynydd sylwodd y ddau fod yr wybren yn ddu ac yn drymaidd i gyfeiriad y gorllewin a bae Aberteifi. Mynd yr oedd ei thad i'r Traws-gerch at ei berthynas yno i ladd 'mochyn at y tŷ'. Wedi cinio pan oeddent wrth y gwaith hwn, cododd storm o wynt a dechreuodd fwrw eira a lluwchio'n enbyd. Penderfynodd y tad fynd yn ôl am gartre'n ddioed gan adael y ferch ar ôl yng nghwmni ei hewythr a'i modryb. Bu'r eneth yn gaeth yno am dri mis am na allai adael oherwydd y lluwch. Mae gan Mrs Olifer atgofion byw o'r misoedd hynny y gorfu iddi aros oddi cartref a gweld ei hewythr yn byw yng nghanol ei golledion; ei waith dyddiol oedd blingo cyrff ei ddefaid a gawsai allan oddi tan yr eira.

Bu'r gaeaf hwn yn un colledus eithriadol, yn arbennig i ffermwyr y mynydd. Datgelodd rhai ohonynt rif eu colledion — pum cant yn unig o ddiadell o gannoedd lawer oedd yn weddill gan Rhys Jones, Bronrhelem pan ddaeth y gwanwyn dilynol, a bu'r teulu hwn yn gaeth o amgylch eu cartref am ddeng wythnos. Y chweched ran o stoc ddefaid Nant-llwyd oedd ar ôl, a chollodd Sam Davies Bryn-glas dri chant ar ddeg o'i braidd a chollodd William Jones Maes-glas bymtheg cant o'i stoc. Medrodd y rhain ddal y golled yn ariannol, a heb dorri eu calonnau. Nid felly bawb o bobl y mynydd. Gallai ambell un dorri ei galon a'i ofidio ei hun i ben. Dyna a ddigwyddodd i William Williams, Pantseiri a Dôl-goch a adnabyddid yn ei ddydd fel 'Brenin y Mynydd', a hynny oherwydd amlder ei feddiannau. Un arall o aeafau colledus i'r wlad yn gyffredinol oedd un 1772-73. Er bod 'Brenin y Mynydd' yn berchen ar yn agos i ugain mil o ddefaid a rhyw bum cant o ferlod mynydd, a thai a thiroedd mewn tair sir, pan gollodd ef rai miloedd o'i ddefaid, torri ei galon a wnaeth a bu farw ym mis Ionawr 1773.

Ie, peth a ofnid fwyaf gan deuluoedd y mynydd oedd yr eira, ac yn arbennig y lluwchfeydd a ddeuai yn aml yn sgîl y stormydd. Er cystal oedd aml i fynyddwr am ddarogan tywydd, ni allai yr un dewin fod yn siŵr beth a ddigwyddai mewn noswaith. Er hynny, gwelid y bugeiliaid ar ambell i brynhawn llonydd a thawel yn dwyn eu preiddiau i fan lle y tybient y byddai'r lluwchfeydd ysgafnaf. Gellid tybied mai i rywle yn y cysgod y byddent yn crynhoi eu stoc, ond nid felly, eithr i fan yn nes i fyny lle y byddai'r eira yn debyg o gasglu a phentyrru leiaf gan rym y gwynt. Symud y defaid i dir

26

uwch a wneid felly. Os digwyddai i luwch ddod, byddai gan y bugeiliaid syniad ble i ddechrau tynnu'r defaid allan o'r eira. Gallai defaid fyw o dan y lluwch, meddid, am rai wythnosau; yn wir gallent fyw tra byddai y tu mewn iddynt wêr neu fraster yn eu cyrff.

Byddai'n ddiddorol gwrando profiadau rhai o hen fugeiliaid y mynydd yn adrodd tipyn o'u hanes — rhai fel William Jones Maesglas a fagwyd ym Moelprysge, gŵr â delw'r mynydd yn ei osgo ac iaith y mynydd ar ei wefus. Dyna eto Evan Hughes, bugail y Diffwys, a Morgan Dafis Cwm Berwyn, a dreuliodd oes yn sŵn brefiadau'r defaid a'r ŵyn.

Byddai'r cŵn o help anhraethol i'r bugail ar adeg argyfyngus, fel adeg lluwch. Ni allai yr un bugail roi pris iawn ar gi. Rhoddai rhai o'r cŵn arwydd i'w meistri trwy syllu i lawr, a chodi un droed flaen, ac edrych yn syth i'r cyfeiriad lle'r oedd y defaid wedi eu cuddio gan yr eira. Yna deuai'r bugail i'r man a'r lle a gwthio'i bastwn bugail i lawr drwy'r tomennydd eira. Gwyddai'r gŵr profiadol pa bryd y byddai wedi taro ar ddafad. Byddai'r gwaith o dynnu'r defaid allan o'u carcharau yn mynd ymlaen am rai dyddiau. Collid llawer o ddefaid pan fyddai'r tywydd yn troi, yr awel yn dod yn dynerach a'r dadmer yn dechrau. Byddai'r lleoedd lle y caewyd y defaid i mewn weithiau yn troi yn llynnoedd o ddŵr, ac yna gydag amser fe foddid y defaid druain.

Er holl ofal y bugeiliaid, torcalon iddynt fyddai gweld cyrff cannoedd o'u defaid ambell dro yn mynd gyda llif yr afonydd. Codai'r llif, a byddai pob nant ac afon yn cario i ffwrdd gyrff dirifedi o ddefaid. Gwelent lafur blynyddoedd o ofal a diwydrwydd wedi mynd yn ofer.

Fel adar ysglyfaethus yr ystyriai'r mynyddwr deulu'r curyll coch. Yn ôl a ddeallaf, mae teulu hwn bron â diflannu o ardaloedd Tywi a Chamddwr erbyn hyn, ac yn arbennig yn ardal Rhandir-mwyn a'r cylch — yno yr oedd eu cuddfa ac yno y byddent yn magu eu teuluoedd gynt. Ar ôl ambell i storm enbyd gwelid hwy yn hedfan ac yn gwylio dros yr erwau llonydd, yn byw yn fras ac yn gwledda ar gelanedd y defaid a fu farw dan effeithiau'r storm.

Digalon i'r eithaf i'r mynyddwr yw adegau fel hyn, a byw ynghanol yr oerni, a'r dinistr a'r golled, ond mynnai pobl y mynydd, y rhan fwyaf ohonynt, gredu fod yna linell olau yn aros y tu ôl i bob cwmwl, a dyna a'u cadwodd ynghanol cyfnodau anlwcus yn eu hanes. Fe ddwedai un o ffermwyr profiadol y mynydd y cymerai dair blynedd i braidd ar luest ar y mynydd i ddod yn ôl i'w rif cynefin. Erbyn hynny byddai'r teuluoedd wedi dechrau anghofio eu colledion ac ymddiddori yn eu stoc newydd.

'Doedd neb yn unman yn disgwyl yn fwy eiddgar na theuluoedd y mynydd am arwyddion fod y gwanwyn yn nesáu; a chân y gog oedd un o'r arwyddion hynny. Holai un cymydog y llall a oedd wedi clywed nodyn y gog. Yng nghymdogaeth y Fanog, tua 'Cham Ceiliog ar Dywi' y byddai hi yn taro ei nodyn cyntaf y rhan fynychaf. I'r cyfeiriad hwnnw y byddai bugeiliaid fel Tom Jones Nant-llwyd, Rhys Jones Bronrhelem a John Jones Dôl-goch yn clustfeinio, a byddent yn paratoi fod peth arian yn eu pocedi i fod yn barod i'w troi pan glywent ddeunod y gwcw am y tro cyntaf. Erbyn drannoeth byddai rhywun arall wedi clywed ei chân yng nghyfeiriad Pantyclwydau, a byddent wedi cael adfywiad ysbryd, a hen ofalon y gaeaf wedi ffoi unwaith yn rhagor; byddai llawenydd a bywyd newydd yn meddiannu plant y mynydd. Ymhen ychydig yn ddiweddarach fe glywid ei chân ar lan afon Camddwr, a hynny o'r coed a dyfai yn ymyl mynwent Soar-y-mynydd. Nid oedd neb yn falchach o'i chlywed na Hannah, Tŷ Cwrdd Soar. Bu hi fyw yno yn yr unigedd llethol am tua deng mlynedd ar hugain, hyd 1925. Treuliodd felly ran dda o'i bywyd heb ddim i'w glywed ond murmuron afon Camddwr a lifai heibio, a bref ambell i ddafad. O'r diwedd bu'r unigedd yn ormod iddi ac aeth i chwilio am ragor o gwmni i bentref yn y wlad. Wedyn daeth Ann Jones, a fagwyd yn y Dinas, ychydig filltiroedd o Gapel Soar, i fyw yno. Arhosodd yn y Tŷ-Capel am ddeng mlynedd. Mynd i le tawelach fyth a wnaeth hithau, i fynwent Ystrad Fflur, lle yr oedd amryw o'i pherthnasau yno yn ei disgwyl yn barod. Er hynny, byddai ambell un yn galw ar dro yn Nhŷ Capel Soar. Byddai dynion Nant-llwyd yn pasio heibio ar eu ffordd i Dregaron, ac ar ambell i noson olau-leuad galwai rhai o deulu Maes-glas, ac os William Jones y penteulu a alwai deuai ef â thipyn o londer a ffresni i'r gymdeithas. Rhaid cofio hefyd y byddai'r ddiadell fach yn dod i Soar i addoli ar brynhawn Sul.

Byddai pobl y gwahanol gartrefi yn difyrru ac yn pasio'r amser gyda'u diddordebau eu hunain. Hyd yn ddiweddar gwyddai'r dynion y ffordd i lunio cebyst rhawn, y rhai a ddefnyddid ym mhennau'r merlod, ac nid y ffrwyn olau a ddefnyddir heddiw. Casglent y rhawn ar hyd y mynyddoedd yn ystod y gwanwyn a'r haf cynnar. Dyna pryd y byddai'r merlod yn diosg eu hen got wedi'r gaeaf. Byddai'r dynion hefyd yn llunio ffon neu bastwn bugail. Mae'n wir na thyfai defnydd ffon na phastwn ar y mynydd; eto, gwyddai'r dynion ble i fynd i chwilio am ddefnyddiau. Caent groeso i fynd i'r cwm hwn a'r cwm arall, neu'r shetin a fynnent. 'Roedd digonedd o ddefnyddiau i'w cael bob amser yng Nghwm Trebrysg ar lan Teifi a Chwm Penllwynbedw bron yn ymyl. Pan oedd John Jones Y.H., Nantstalwyn yn dal ffarm Cil-pyll, Llangeitho, câi ei fugeiliaid ef groeso i fynd i chwilio am ddefnyddiau yng nghymoedd y Brechfa a Chaerllugaist. Fel yna y treuliai'r dynion eu hamser, a phleser iddynt oedd eistedd wrth danllwyth o dân mawn yn trin ac yn trwsio a llunio ffyn a phastynnau i'w patrwm eu hunain.

Pan ddeuai'r gwanwyn a'r haf, deuai hefyd y prysurdeb arferol. Rhan o'r gorchwylion cyntaf oedd torri'r mawn. 'Roedd y cynhaeaf gwair hefyd yn bwysig iddynt. Ar wahân i'r ychydig dir a gedwid yn arbennig at godi gwair, 'roedd y 'gwair cwta' i'w gasglu. Yma y gwelid crefft ac amynedd yn mynd gyda'i gilydd. Byddai raid wrth bladurwr profiadol i dorri'r gwair cwta, cydag awch miniog, ac i gael hynny 'roedd yn angenrheidiol hogi'r bladur yn fynych. Cesglid y gwair hwn ynghyd gyda rhacanau bach yn gyntaf, wedyn yn danfeydd, mydylau, neu dasau. 'Roedd llwytho a chywain gwair cwta yn grefft arbennig. Byddai gan y ffermwyr gerti arbennig i'w gywain adre o'r mynydd; certi llusg oeddent, rhai gweddol hir, gyda rhaniad yn groes i'r canol. 'Roedd ochrau lled uchel iddynt. Nid oedd berygl i'r certi hyn ddymchwelyd. Hyd yn ddiweddar gellid gweld dau o'r certi hyn yn Nôl-goch. Un ceffyl a fyddai'n tynnu pob cart, ac fe ellid gwneud rhyw dair siwrnai'r dydd. Gwelir o hyd olion o'r llwybr tua milltir a hanner o hyd y byddai gweithwyr Dôl-goch yn ei ddefnyddio i gario'r gwair at y tŷ, a safai ryw led cae o afon Tywi. Byddai'r dynion yn gwella ychydig ar y llwybr hwn yn flynyddol i'w wneud yn fwy gwastad a llyfn. Rhoddid y gwair cwta ar y taflodydd a geid uwchben lle'r gwartheg yn y beudy, ac 'roedd yn gyfleus yno i'w roi yn ymborth i'r gwartheg yn ystod y gaeaf dilynol. Tystiolaeth pobl y mynydd oedd bod y gwair cwta yn werth ei grynhoi, gan fod y gwartheg yn hoff ohono, a byddent yn edrych yn raenus iawn pan ddeuai gwanwyn arall heibio. Er yn gynnar iawn, trefnid i hau ychydig o 'geirch llwyd', a thyfai hwnnw yn rhywiog, hyd yn oed ar dir a oedd yn fwy na mil o droedfeddi uwchlaw arwynebedd y môr.

'Roedd y cynhaeaf mawn hefyd yn un pwysig i deuluoedd y mynydd. Yn un peth nid oedd coedydd o un math bron yn tyfu ar y mynydd, ac amhosibl fyddai cludo glo yn y cyfnod cyn gwella ychydig ar ffyrdd y cylch. 'Roedd y pellter hefyd o orsafoedd y rheilffordd — Tregaron a Phontllanio — tua deg milltir i rai o'r cartrefi. Teimlai'r mynyddwr ryw euogrwydd os byddai angen prynu ambell i gant o lo weithiau ar ôl haf a hydref gwlyb. Digonedd o fawn, mae'n debyg, a fu'n symbyliad i ddenu y rhan fwyaf o'r teuluoedd i fyw ar y mynydd adeg caledi a thlodi'r canrifoedd a fu. Byddai gan bob teulu eu ceulannau mawn, y rhan fwyaf ohonynt ar Gors Olfa. Byddai'r gors hon yn weddol gyfleus i ambell i gartref, ond nid felly i bob un. Er enghraifft, byddai gan bobl y Fanog daith o filltir a hanner i'w nôl o Gors Olfa. Nodweddid mawn y mynydd gan ei galedwch, a rhinwedd mewn mawnen yw hynny. Yn hyn o beth, rhagorai mawn y mynydd ar fawn Cors Caron.

Cneifio

Rhaid sôn yn awr am *y* prysurdeb mawr a geid ar y mynydd, sef cneifio. Digwyddai hyn ar yr adeg hyfrytaf o'r flwyddyn, pan oedd y dydd ar ei hwyaf, yr awelon yn falmaidd a phur, a thiriondeb a llawenydd yn llenwi'r bröydd. Deuai pobl y mynydd yn gymdogion agos yn ystod tair wythnos y cnaif — y dynion a'r menywod yn helpu eu cymdogion yn eu tro. Pwy fu'n ddigon doeth yn trefnu dyddiadau'r cneifio? Ni wŷr neb erbyn hyn; digwyddodd hynny sawl canrif yn ôl, neu ai cyd-ddigwyddiad oedd fod y defaid yn aeddfed i'w cneifio ar adeg y dydd hwyaf.

Byddai'r cneifio yn cychwyn yn Nôl-goch ar y dydd Gwener diwethaf ym mis Mehefin, gan fynd i Nantstalwyn ar y dydd Llun a'r Mawrth canlynol, ac yna ymlaen o ffarm i ffarm yn yr ardaloedd. Os methai ffarm gneifio ar ei dydd arbennig hi, byddai raid i honno aros nes i'r holl ffermwyr orffen cneifio ar y dyddiau arferol.

Gellid galw diwrnodau y cnaif yn gymanfaoedd y bugeiliaid a'u cŵn. At hyn, deuai pobl o'r wlad hefyd i gynorthwyo, rhai ohonynt yn aros ar y mynydd dros y cneifio, gan symud o le i le. Noson y cnaif, a'r gwaith ar ben, byddai'r perchennog yn awyddus i gael gwybod gan y rhai a fu'n rhifo ar hyd y dydd beth oedd rhif y stoc a gneifiwyd; gallai yntau yn ei wely y noson honno wybod ei werth mewn stoc, a lle y safai o gymharu â'r safle ddeuddeg mis yn ôl. Dim ond ar ddiwrnod cneifio y gellid cael cyfrif iawn o nifer y defaid ar y gwahanol esgeirydd. Os am wybod rhagor am fanylion y cneifio awgrymaf i chi ddarllen y bennod ar gneifio yn y gyfrol *Balchder Crefft.*

Diwrnod cneifio yn Nantstalwyn. Gwelir yn y llun rai o'r ugeiniau o ferlod a gludodd y cneifwyr at eu gwaith.

Diwrnod cneifio yn Nantstalwyn. Yma gwelir Rhys Jones, Abergwesyn, yn cadw cyfrif yn yr hen ddull, sef â thoriadau cyllell ar ddarn o bren.

'Roedd gan ffermwyr y mynydd 'eu hanawsterau hefyd. Yn ystod yr hydref y byddent yn ysgafnhau eu stoc, yn ferlod, gwartheg a defaid. Gwyddai'r ffermwyr i'r dim faint o rif a fyddai'n ddoeth iddynt eu cadw. Gwerthid rhai merlod a'u swclod mewn ffeiriau fel rhai Llangamarch, a Phontrhydfendigaid (ffeiriau Ffair Rhos). Oherwydd y rheidrwydd o werthu yn yr hydref, byddai gwŷr y mynydd yn gorfod dibynnu ar drugaredd y porthmyn ac eraill, gan y gwyddai pawb fod yn rhaid iddynt werthu yn yr hydref. Mor ddiweddar â dauddegau'r ganrif hon gwerthid ambell i ferlen am gyn lleied â deg swllt ar hugain, ond gwell oedd hynny na gweld y stoc yn methu dal y gaeaf ar y mynydd.

Gwerthid y mamogiaid gartre i borthmyn defaid. Gwyddai'r rhain ansawdd a gwerth defaid pob esgair ar y mynydd. Er enghraifft, am lawer o flynyddoedd, prynai y ddau bartner John George Garth-fawr, Lledrod, a David Davies Pointyn, Llangamarch, famogiaid y Fanog bron bob blwyddyn heb eu gweld, tua 2,500 ohonynt ar y tro, bryd arall ddau gant o weddrod, a thua dau gant o ŵyn gwryw. Ychydig iawn o ŵyn menywod a werthid; cedwid y rhain i gymryd lle y defaid hŷn. Byddai gan y porthmyn eu tiriogaeth. Eithriad fyddai gweld dau barti ohonynt yn ymweld â'r un ffarm i brynu ac i gystadlu â'i gilydd.

Dyna ni wedi bod dros wahanol weithgareddau'r flwyddyn ym mhob tymor. Heb ddarbodaeth a threfnu manwl trengi fyddai

Fferm Nantstalwyn. Gwelir yma ran o'r ddiadell ar eu ffordd i'r cneifio ym 1935.

Diwrnod cneifio ar fferm fynydd Nant-yr-ast. Tynnwyd y llun ym 1912.

tynged y rhan fwyaf o'r teuluoedd. Byddai'n rhaid gweithio ar y mynydd cyn y gallent fforddio byw yn raenus.

Nodweddid cartrefi'r mynydd gan glydwch dihafal, a byddai eu pantrïoedd yn llawn o fwyd. Paratoid yn dda yn yr haf a'r hydref erbyn y gaeaf a'r hirlwm a oedd i ddod. Dywedai'r hen ffermwyr y byddent yn cario digon o stôr o flawd at wneud bara, pedair sach fawr dyweder, rhai a geid hyd tua'r dauddegau ond ni welir mohonynt heddiw. Hefyd cadwent stôr o *Indian Meal* ar gyfer y cŵn, canys rhaid oedd eu cadw hwythau yn gryf, yn gynnes, ac yn galonnog. Fe'u hystyrid hwy yn weision ufudd i ffermwyr y mynydd.

Darbodaeth oedd nodwedd bennaf yr hen ffermwyr a drigai ar y mynydd. Yn ystod yr haf byddent yn corddi a gwneud ymenyn bob wythnos a'i osod mewn crochanau pridd i'w storio. Hefyd byddent yn tewhau dau fochyn neu dri a'u lladd tua mis Tachwedd. Gwelid yr ystlysau a'r hamiau yn hongian dan nenfwd y gegin ar gyfer y misoedd a oedd i ddod.

Tawelwch ac Unigrwydd y Mynydd

Gallai unigrwydd y mynydd, er ei dawelwch hyfryd, fod ar brydiau yn llethol, yn arbennig i rai pobl; wedi'r cyfan, bod cymdeithasol yw dyn, ac y mae'n dyheu am gwmni.

Anodd fyddai i neb nas magwyd ar y mynydd ffitio i mewn i'r dull o fyw yno. Aeth brawd i mi yn grwtyn deg oed i wasanaethu ar ffarm fynydd o'r enw Tanresger ar y Mynydd Bach. Bu'r hiraeth yno bron â'i lethu, ond daliodd ati ac arhosodd am y deuddeg mis yr addawodd fod yno. Yr hyn a'i cadwodd rhag 'torri ar ei gyflog', meddai ef, oedd mynnu cerdded gyda'r nos ar ôl gorffen ar ei waith tua dwy filltir i drum arbennig ar y mynydd lle y gallai weld oddi yno gip ar fwthyn ein cartref, rhyw bum milltir i ffwrdd. Yna byddai yn mynd yn ôl i'r ffarm a phangfeydd hiraeth wedi llaesu dipyn. Ond 'roedd mynd i wasanaethu ar y Mynydd Mawr yn llawer mwy o antur — ni châi neb olwg ar ei gartref i lawr yn y wlad oddi yno.

'Roedd y duedd i ddianc o'r mynydd i'w chanfod flynyddoedd cyn i'r Comisiwn Coedwigo fynd â rhan helaeth o dir y mynydd er mwyn plannu coed eu fforestydd. Âi yn fwy anodd flwyddyn ar ôl blwyddyn i gael bechgyn a merched i gyflogi am ddeuddeg mis ar ffermydd y mynydd. Ym mhobman ar bob adeg mae pobl ifainc yn dyheu am gymdeithas a chwmnïaeth â'i gilydd, ond ni cheid hynny ar y mynydd. Nid oedd llawer o le chwaith i ddefnyddio beisicl ar y mynydd. 'Roedd un peth er hynny o'i blaid; nid oedd yr un siop na thafarn yn agos yno i fynd i wario gyda'r nos.

Cyn dod o deledu a radio i dai ffermydd y mynydd, araf dros ben y deuai'r newyddion drosodd iddynt. Cofiaf adrodd am fugail a oedd yn byw ar ei ben ei hun i fyny ar y mynydd o war Blaencaron yn dod i lawr i Dregaron ryw hanner dydd, a sylwi ar y llu baneri oedd yn cyhwfan yn y dre. Dyna pryd y daeth i wybod am y cadoediad a oedd wedi ei lofnodi ddau ddiwrnod ynghynt adeg diwedd Rhyfel Fawr 1914-18.

'Roedd pobl y mynydd yn falch o weld estron yn dod at eu tai. 'Roedd un ffarmwr ar y mynydd, meddir, yn anfon yn aml drwy'r post am gatalog hadau neu rywbeth arall, er mwyn cael y postmon i alw yn ei gartref.

Câi'r postmon groeso mawr yn y gwahanol gartrefi. Ar dri diwrnod yn yr wythnos y byddai'n dod i'r mynydd. Er mai mewn rhyw naw neu ddeg o gartrefi y byddai'n galw, 'roedd y daith yn agos i ddeg milltir ar hugain (y ddwy ffordd) yn ôl a blaen.

Ar wahân i ddod â llythyrau a pharseli i'r cartrefi, ef hefyd fyddai'n lledaenu'r newyddion — hwn a hwn wedi marw, amser y gladdedigaeth, parau wedi priodi, geni plentyn, a phob rhyw stori ddiddorol arall. Fe fyddai pawb a oedd yn gyfleus yn closio at y tŷ pan welid y postmon yn dod o draw a chael ei gwmni pan fyddai'n cael ei bryd bwyd yn y tŷ. Ef hefyd a fyddai'n rhannu'r papurau dyddiol ac wythnosol i ambell deulu, a chludo tybaco a sigarennau a llu o fân negesau eraill. Yn wir, byddai teuluoedd y mynydd yn bendithio ac yn croesawu'r ymwelydd yma.

Ar y cyfan, byddai'r daith i'r mynydd yn un eitha hapus ond i'r postmon ddefnyddio amynedd ar ei daith araf. Er bod y rhan helaethaf ohoni yn bur ddigysgod, byddai ef wedi paratoi'n dda gogyfer â phob math o dywydd — cenllysg, glaw, taranau, niwl a tharth, a phob rhwystr annymunol, yn arbennig gwyntoedd y dwyrain tua mis Mawrth pan fyddent yn hyrddio dros y tir agored.

Er mai dim ond mewn ychydig dai y byddai'r postmon yn galw, eto yn y gaeaf byddai wedi nosi cyn y byddai'n gadael y mynydd. Y lle cyntaf y byddai'n galw ynddo oedd Cwmberwyn, a saif tua thair milltir o Dregaron; yna âi ymlaen i'r Diffwys, Nant-y-maen, Nantstalwyn, Nant-rhwch, Dôl-goch a Maes-glas, a Thŷ Capel Soar a Nant-llwyd. Yn y blynyddoedd cynnar 'roedd ei daith yn hwy am ei fod yn galw yn Ffrwdargamddwr a Bryn-glas, ac amryw o gartrefi eraill sydd erbyn hyn wedi eu chwalu. Hyd y gwn i, dim ond postmyn Tregaron a Llanddewibrefi a fyddai'n marchogaeth merlen ar eu teithiau. Wrth fynd o Nant-rhwch i Ddôl-goch byddai raid i'r postmon groesi afon Tywi, a gallai hon fod dros ei glannau; yna rhaid fyddai mynd i lawr dipyn o ffordd hyd y bont a oedd dros yr afon. Cofir am amryw o bostmyn a fu wrth y gwaith hwn gan drigolion y mynydd, e.e. Tom Evans, Cae-newydd, Tregaron gyda'i boni froc, un nodedig meddid, am y troediai'n ofalus ac yn ysgafn, heb frys arni hyd yn oed pe digwyddai iddi fynd i siglen. Caseg goch o fwy o faint oedd gan Dafydd Dafis Brynhoewnant. Byddaf i fy hun yn dal i gofio am y ddau bostmon uchod fel dau weddïwr dwys, canys cynnyrch diwygiad crefyddol 1904-05 oeddynt. Postmon arall a fu wrthi yn dosbarthu oedd Simon Jones, Gogleddwr a symudodd i fyw i Dregaron. 'Roedd ganddo yntau gaseg ddefnyddiol, peth a ddisgwylid ganddo ef gan y cyfrifid ef yn awdurdod ar geffylau, a gwelid ef mewn aml i ffair geffylau yn helpu'r porthmyn gyda'r prynu. Yn ddiweddarach gwelid Dafydd Jones, Glanrafon-ddu yn gwasanaethu'r ardal fel postmon.

Ni all y sawl a ddaw ar dro i'r mynydd yn yr haf yn y blynyddoedd hyn mewn modur, a'r ffyrdd wedi eu gwella yn ddigon da i fynd yno ar bob adeg o'r flwyddyn, ddirnad y gwahaniaeth yn y cyfleusterau teithio i'r mynydd heddiw rhagor dyweder drigain a deg o flynyddoedd yn ôl. Y pryd hwnnw ychydig o welliannau a wneid arnynt. Treuliai rhyw hanner dwsin o weithwyr ffyrdd y wlad tua chwe wythnos ganol haf i wella tipyn ar y mannau gwaethaf, gan wneud rhedfa rhag i'r dŵr aros ar y ffordd, a niweidio rhagor o'r ffyrdd cyntefig. Dyna'r cyfan o sylw a gâi ffyrdd y mynydd y pryd hwnnw.

Ceisiwn ddyfalu hefyd anawsterau'r cyfnod cyn bod ffôn wedi cyrraedd cartrefi'r mynydd, na'r un ysbyty na chartref mamaeth yn sir Aberteifi. Gallai un gael ei daro'n wael ganol nos, a rhaid fyddai mynd i nôl y meddyg ar gefn ceffyl, a gallai'r pellter fod tua deuddeg milltir, un ffordd, i gartref y meddyg. Meddygon o Dregaron, Llanio, Y Garth, Llanddewibrefi, Pontrhydfendigaid neu Bontrhydygroes y gelwid arnynt i ddod allan oedd Roland Rowlands Rhydfendigaid, John Morgan Pontrhydygroes, ac yn ddiweddarach Walter Jones Llanio. Hanai ef o deulu enwog Nantremenyn, Llandysul. Ceir hanes iddo fod yn gofalu am Mrs Ebenezer Richard, Tregaron (mam Henry Richard, A.S.) yn ei chystudd olaf, a thrafaeliodd yntau i gartrefi ar fynyddoedd Llanddewibrefi pan fyddai galw arno i wneud hyn.

Bu hefyd unwaith feddyg o'r enw Charles Wyn yn byw yn y Foelallt; yr oedd yn gefnder i Syr Watkin Williams Wyn. Bu

Charles Wyn yn wasanaethgar yn y cylch a medrai wella llawer o anhwylderau. Dywedai un o hen drigolion Llanddewbrefi — John Davies, Aeron Villa — fod digonedd o lysiau meddygol yn tyfu ar barc y Foelallt, ac mai'r meddyg da hwn a'u plannodd yno. Mae amryw o hyd yn cofio am y meddygon Evan Lloyd a'i fab Jack Lloyd, Llyseinon, Tregaron.

Tua throad y ganrif ddiwethaf cadwent geffylau at eu gwasanaeth. Cadwai'r meddygon y pryd hwnnw ryw dri o geffylau i fod at eu gwasanaeth pan ddôi'r alwad, bydded hi ddydd neu nos. Pan ddeuai'r alwad ni fyddai'r meddyg ond ychydig amser cyn bod i ffwrdd yn ei drap-poni. Y rhan fynychaf arhosai y sawl a aethai i nôl y meddyg hyd nes y deuai'n ôl gan y byddai raid, fel rheol, aros i gael rhyw feddyginiaeth i'r claf.

Adroddir am bâr ifanc yn y ganrif ddiwethaf wedi mynd i ddechrau eu byd i Bryn-du, tyddyn anghysbell yn agos i Droedrhiwcymer. Ganol nos trawyd y wraig yn wael gan ei bod yn disgwyl ei phlentyn cyntaf. Aeth y gŵr allan i'r nos, gan adael y wraig ar ei phen ei hun, a cherdded dros y mynydd i nôl y meddyg o Dregaron. Pan gyrhaeddodd ei gŵr yn ôl tua dau o'r gloch y bore, cafodd ei wraig wedi marw ar lawr y gegin.

Enghraifft ddiweddarach oedd salwch gwraig Nant-rhwch a achosodd bryder i feddyg y teulu o Dregaron. Wedi iddo gyrraedd, canfu fod y wraig yn dioddef yn ddrwg gan apendiseitis. Gwylltiodd y meddyg ac yn ôl ag ef i Dregaron gan grefu ar ŵr y garej i fynd â'i fodur i nôl y claf i geisio ei chael i'r ysbyty yn Aberystwyth yn ddioed. Erbyn hyn 'roedd hi'n dywyllwch nos ym mis Ionawr a mentrodd Huw yn ei fodur a chyrraedd Nant-rhwch yn ddiogel. Yr oedd wedi cael siars gan y meddyg i fod yn ofalus wrth groesi'r nentydd (a oedd yn ddi-sarn y pryd hwnnw, heb yr un bont) rhag i anffawd ddigwydd. Cyrhaeddwyd yn ôl i Dregaron tua chanol nos ac yna ymlaen i'r ysbyty yn Aberystwyth ddeunaw milltir arall i ffwrdd. Bu'r driniaeth lawfeddygol yn llwyddiannus.

Rhaid cofio fod hyn wedi digwydd pan oedd ceir modur newydd ddechrau cael eu defnyddio yn gynnar yn nauddegau'r ganrif hon ar hyd ffyrdd y wlad, ac ambell dro ar ffyrdd y mynydd. Digon amherffaith mewn llawer ystyr oedd yr hen foduron, fe'u goleuid gan olau llwch carbeid, a hefyd ni allent sugno'r petrol gystal ag y gwneir gan y moduron mwy diweddar.

Mae llu o helyntion tebyg i hyn wedi digwydd ar y mynydd na chroniclwyd mohonynt. Aeth llawer un i'w fedd gan gadw llawer i hanes yn gyfrinach iddo'i hun, er colled fawr i'r oes hon.

Nid rhyfedd felly mai'r duedd oddi ar ddechrau'r ganrif fu dianc rhag byw mewn lleoedd anghyfleus. Erbyn i gyfleusterau newydd gyrraedd — rhai fel y ffôn, a'r radio, a theledu, a llawer gwelliant arall — 'roedd nifer o hen anedd-dai'r mynydd yn wag. Er hynny, clywais am ffarmwr a symudodd o'r wlad a mynd i fyw i Nantneuadd, yn ymyl afon Tywi. William Roberts oedd ef a ddaeth o'r Gynhawdre, Swyddffynnon, lle a fu yn gartref i Ieuan Brydydd Hir ar un adeg. 'Roedd hyn tua'r flwyddyn 1885. Hebryngwyd ef i'w gartref newydd gan gymdogion iddo gyda'u ceirt a'u ceffylau. Aent drwy bentref Rhydfendigaid a throi ar y dde ger mynachlog Ystrad Fflur. Yr oedd fy nhad yn un o'r cwmni a'i hebryngodd i'w gartre newydd. Yno, yn Nantneuadd, yn 96 mlwydd oed, y diweddodd William Roberts ei oes.

Teulu dŵad i'r mynydd hefyd oedd yr un a symudodd o'r Wern, Llanio, i Fryn-glas, Llanddewibrefi, a bu disgynyddion i'r teulu yn byw yno am tua dau gant o flynyddoedd. Un ohonynt oedd Sam Davies a fu'n aelod gweithgar yng nghapel Soar-y-mynydd.

Un o'r pethau a boenai bobl y mynydd fwyaf oedd niwl. Gallai daenu dros y mynydd yn ddiarwybod, a'r bugail yn digwydd bod rai milltiroedd o'i gartre. Pan daenai'r niwl, deuai rhyw ddieithrwch rhyfedd a gwneud i ddyn ac anifail golli eu syniad ble i symud nesa. Ambell dro fe gâi'r bugail ei hun wedi colli ei ffordd. Ar adeg felly byddai'n falch o lwyddo i gyrraedd ei gartref a gadael i'r defaid ymdrawo fel y gallent. Erbyn trannoeth byddai'r niwl wedi cilio, yr haul wedi ymddangos ac wedi troi niwl y prynhawn cynt yn berlau gwlith dirifedi, i'w canfod ar y brwyn a'r hesg ac ar bob planhigyn arall a dyfai yno. 'Roedd greddf defaid i dynnu i gysgod, ac 'roedd ganddynt hwy eu hoff fannau i dreulio'r nos; heb eithriad fe'u ceid yn tynnu'n ôl gyda'r nos i'w hoff lethr, a 'doedd neb yn falchach o weld haul y bore yn tywynnu na'r ddafad ei hun. Byddai rhaid dygymod â'r niwl gan fod yr arwynebedd yno tua phymtheg cant o droedfeddi uwchlaw'r môr. Felly ceir fod tonnau o niwl yn digwydd yn amlach nac ar dir gwaelodion gwlad. Mae'r hin hefyd yn oerach ar y mynydd. Ceir yno lai o heulwen ac felly mwy o law a niwloedd. Er hynny, fe ddywedai hen ddefeidwyr sir Forgannwg y gallai mynyddoedd Tregaron gynnal dwy ddafad i'r acer am bob un ar eu mynyddoedd hwy.

Adroddid aml i stori gan yr hen fugeiliaid am y cyfnodau helbulus a brofwyd o dro i dro ym mywyd y mynyddwyr.

Byddai'n arferiad gan rai mamau o'r wlad ddwyn y plant i'w helpu i gasglu'r gwlân rhydd ar y mynydd; dyma gyfnod y gwlana ddechrau mis Mehefin. Wrth gwrs, byddai tuedd i rai o'r plant wyllu a cholli golwg ar eu rhieni. Yn sydyn ar un prynhawn braf un tro a'r cwmni'n brysur, gorchuddiwyd y mynydd gan niwl ac aeth un bachgen bach ar goll. Bu raid i bawb aros yn yr unfan nes i'r niwl gilio a hynny ymhen rhyw dair awr. Gorfu i'r cwmni adael y mynydd â'r crwt bach ar goll. Drannoeth deuwyd o hyd iddo yn fyw ac yn iach. Yr oedd wedi crwydro milltiroedd yn ystod y nos; fe'i cafwyd gan ffarmwr yn agos i bentref Ystrad-ffin.

Peth diflas arall oedd hanes merch fach Esger-goch, a oedd yn bedair a hanner mlwydd oed. Ym mis Ionawr 1847 'roedd wedi bod yn treulio rhai dyddiau gyda'i thad-cu a'i mam-gu yn Nhan-lan ger ymyl afon Teifi. Wrth fynd adre wrthi'i hun cafodd ei drysu gan y niwl a chollodd ei ffordd. Ar ôl chwilio amdani am rai dyddiau aethpwyd i ofyn barn y 'dyn hysbys' a oedd yn byw yn ardal Cwrtycadno. Dywedodd ef wrth y cwmni am iddynt chwilio amdani yn agos i blanhigfa goed arbennig yn yr ardal honno. Cafwyd ei chorff ar fynydd Esger-goch yn agos i drum uchaf y Crug yn y lle yr anogodd ef iddynt ei chwilio. Gosodwyd carreg gyda'r ddwy lythyren M.J. wedi eu cerfio arni i nodi'r fan

Stoc y Mynydd

Merlod

Anodd dweud yn bendant pa bryd y dechreuwyd magu merlod ar fynyddoedd Tregaron. Ni cheir cyfeiriad yn unman atynt yn y canrifoedd cynnar. Y cyfeiriad cyntaf a welais yw ysgrif gan Gwallter Mechain (yr ysgrifwr diwyd yn y ganrif o'r blaen) yn cyfeirio at William Williams Dôl-goch, a adnabyddid fel 'Brenin y Mynydd', ei fod ef rhwng 1750 a 1755 yn berchen ar bum cant ohonynt.

O'r amser hwnnw ymlaen megid merlod gweddol unffurf, tua deuddeg llaw i ddeuddeg llaw a hanner o uchder, ac iddynt dymer arbennig, yn wyllt, yn fywiog a chadarn o gorff, a chanddynt asgwrn cryfach nag a geid gan ferlod a fegid ar fynyddoedd eraill yng Nghymru. Ychydig iawn o newid a fu ar eu teip. Y lliw mwyaf cyffredin fyddai gwinau, gydag ambell i ferlen froc, arall o liw glas, ac amryw o liw melyn, neu ddu.

Byddai'r merlod yn hoff dros ben o'u tiriogaeth, a gwyddent i'r dim ble i lechu rhag y gwahanol ystormydd, a hefyd pan ddeuai tipyn o heulwen ganol dydd yn y gaeaf i lonni ychydig ar y trymder hir, 'roedd ganddynt eu lleoedd i aros i fwynhau ychydig o'i wres, ac i ysgwyd ymaith eu syrthni. Ar y mynydd, yn well nag unman, y gwelid natur yn ei gogoniant heb ddim i amharu arni yno. Byddai'r merlod yn wynebu'r gaeaf gyda chot dda o rawn a blew trwchus ddigon amdanynt. Pan ddeuai'r gwanwyn a'i wenau a'i haul, yn araf gwelid yr hen got yn ymddiosg, a byddai natur yn barod wedi eu gwisgo â chot newydd ffres. Cyfrifid merlod yn rhai da am edrych ar ôl eu hepil. Er mai ar dir digon garw a gwael y byddent pan fyddent yn bwrw eu hepil, ychydig iawn o golledion a geid adeg y gwanwyn pan enid y swclod. Yn fuan gwelid y newydd-anedig yn ymlwybro ac yn dilyn ei fam fel pe bai wedi bod ar y mynydd am flynyddoedd. Ymhen ychydig wythnosau byddai'r swclod yn gwneud erwau'r mynydd yn fan chwarae gyda'i gilydd. Clywais Mrs Jones Dôl-goch yn adrodd iddi weld tua deg o'r rhain yn prancio gyda'i gilydd ac fel pe'n ceisio rhedeg am y cyntaf yn rhes. Gwelais dwr o ŵyn bach yn gwneud yr un peth ar ambell i hwyrnos o wanwyn, ond fe roddwn i lawer pe bawn wedi gweld y swclod bach yn eu mwynhau eu hunain yn eu ffordd ddiniwed.

'Roedd merlod mynyddoedd Tregaron hefyd yn nodedig am eu hirhoedledd, rhai wedi cyrraedd dros ddeng mlynedd ar hugain. Mae un wedi cyrraedd yr oedran hwn yn eiddo i Tom Arch, Y Fynachlog Fawr, Rhydfendigaid — un o stoc merlod Nant-llwyd yw ef. Tystia Tom, ei berchen, wrthyf y gŵyr Dai (canys dyna'i enw) lwybrau'r mynyddoedd gystal ag yntau. Nid oes angen iddo ddefnyddio cebyst, dim ond cebyst un awen. Mae'n gwybod ble mae mynd, a pha bryd i fynd yno. Mae'n fwy na cheffyl, meddai ei berchennog. Gall fod yn gi defaid, neu fap ar fynydd, neu yn arweinydd diogel. Gellir dibynnu ar Dai y cel bach. Y mae'n nodedig o gyfrwys, os na fydd arno hwyl mynd i'r mynydd ambell dro, nis gwelir ef y diwrnod hwnnw hyd yn hwyr y dydd, pan ddaw at y tŷ i nôl llond pen o law'r plant neu rywun arall. Mae'r ferlen y mae Hughie Jones, Pant-y-craf yn ei marchogaeth ar hyn o bryd hithau wedi troi ei thair ar hugain oed, ac mae hi mor heini a byw â phan oedd yn dair oed. Y trueni yw fod yn rhaid iddynt adael eu cynefin lawer ohonynt bob blwyddyn. Gwerthid cannoedd ohonynt bob hydref yn ffeiriau'r sir, i hiraethu am y rhyddid a gawsent ar erwau diderfyn y mynydd.

Dibynnai gwŷr a gwragedd y mynydd lawer iawn ar eu merlod. Marchogaeth y byddent wrth ddod i ffeiriau Tregaron, Llangamarch a Rhydfendigaid. Yn Nhregaron tynnent i lawr yng ngwesty'r Talbot. 'Roedd greddf yn y ferlen fynydd i dynnu'n ôl am gartre, neu efallai fod ganddi ddawn arbennig at gofio. Clywais James a Dai, meibion Nantstalwyn, yn adrodd am wrhydri eu merlod ar lawer achlysur. Un noson ffair yn Nhregaron cychwynnai'r ddau adre yn lled hwyr, y nos yn ddu, heb leuad na seren i'w canfod. Gadawent y cyfan i'r ddwy ferlen i ffeindio'u ffordd, a chyrraedd adref yn ddiogel. Er sgwrsio â'i gilydd ar y ffordd am bethau'r dydd, 'roedd y mynyddwr yn ymwybodol o'r

43

ffaith y gallai ambell leidr fod yn llercian ac yn cuddio er mwyn cael gafael ar yr arian a garient gyda hwy. Cyn i'r banciau sefydlu canghennau yn y gwahanol bentrefi a threfi yn y sir, cariai'r ffermwyr ac eraill eu harian mewn cydau mewn poced o wneuthuriad arbennig wedi ei gwnïo y tu mewn i'r wasgod. Felly hyd hanner y ganrif ddiwethaf, telid y ffermwyr am eu stoc mewn sofrenni ac arian glas. Byddai ambell i leidr yn cerdded y ffeiriau ac felly dôi i wybod pa ffermwyr oedd wedi derbyn arian am eu stoc. Un nos Fawrth (noson ffair) aeth Jones Dôl-goch adre wrtho'i hun, a phan oedd ar y darn ffordd o war y Diffwys daeth dyn allan a chydio yn awenau'r gaseg, ond deallodd y ffarmwr beth oedd ar ddigwydd, ac wrth godi ei ffon onnen tebyg iddo daro'r lleidr yn ei ben. Fodd bynnag, dihangodd yr adyn i'r nos, ac aeth Hugh Jones y ffarmwr yn ei flaen fel pe na bai dim anarferol wedi digwydd. Ceid hanesion tebyg hefyd am ladron yn loetran yng nghyffiniau Pont Einon ar Deifi. Adroddid am un lleidr felly yn cyrraedd adref at ei wraig a golwg enbyd arno. 'Roedd y ffarmwr yr aeth ef i'w afael wedi cael y trechaf arno, ac wedi defnyddio ei wialen onnen. Yr oedd archollion dyfnion yng nghnawd y lleidr. Triniodd ei wraig ei ddoluriau tra bu yn y gwely am chwe wythnos. Ni fynnai hi feddyg i drin ei glwyfau rhag ofn i'r hanes gael ei daenu ar led, ond cerddodd y stori fel tân gwyllt dros y sir, ac wedi i'r lleidr wella o'i glwyfau bu yn ddyn hurt am weddill ei oes, yn anfodlon mynd i gymysgu â thyrfa rhag ofn y byddai rhywun yn edliw iddo ei gymeriad.

Cyn i'r banciau cenedlaethol agor eu swyddfeydd yn y gwahanol ganolfannau yn y sir, problem ffermwyr y mynydd, fel llawer i un arall, oedd cadw dogfennau pwysig fel Gweithredoedd Tir, ac arian yn ddiogel rhag tân neu leidr. Am hynny, 'roedd gan amryw eu cuddfannau mewn agennau yn y creigiau neu leoedd tebyg. Clywais fel y byddai Thomas Jones yr Hafdre yn dod â'i stoc sofrenni allan bob gwanwyn i'w golchi yn y nant yn ymyl y tŷ a'u taenu allan i sychu yn yr haul ar graig gerllaw. Byddai rhai yn ofni y gallai arian lychwino, a cholli eu gwerth; dyna paham y dygid hwy allan i'r golau yn awr ac yn y man. Wrth gwrs, byddai pobl fel Thomas yn bur ofalus i'w cuddio eto heb fod neb yn gwybod am ei guddfa.

Un a ddibynnai lawer ar ei ferlen hefyd oedd Dafydd Dafis

44

Blaendoethie. Ffarm fynydd oedd Blaendoethie a safai rhwng Llanddewibrefi a chapel Soar-y-mynydd. 'Roedd Dafis yn mynd lawer oddi cartre i feirniadu mewn ymrysonfeydd cŵn defaid. Yr oedd hefyd yn gynghorwr, a threuliai felly lawer o amser ar bwyllgorau yn Nhregaron a lleoedd eraill. Er bod ganddo yntau lwybrau dyrys i fynd adre i Blaendoethie ymffrostiai fod Bess yn saff ar ei thraed ar bob llwybr. Y peth gorau, os byddai'r nos yn dywyll iawn meddai ef, oedd gadael yr awenau yn llac, ac ni chollodd Bess erioed ei ffordd.

Er eu dycnwch a'u caledwch danfonid llawer o'r merlod i aeafu ar ffermydd y wlad, a golygfa gyffredin bob hydref oedd gweld torf ohonynt yn mynd trwy Dregaron i'w rhannu allan i wahanol ffermydd, rhai mor bell â bae Aberteifi. Deuai rhai o ferlod y Diffwys i aeafu i'n tir ni, tir Blaen-rhos, a fu unwaith yn ddyddyn ar ei ben ei hun, ond a aeth yn ddiweddarach yn un â'n ffarm ni. Yn nechrau mis Hydref deuai Evan Hughes, bugail y Diffwys, yno, a gyrrai'r hen boni goch a'i hepil yn ei dilyn, i lawr i fwrw'r gaeaf yno. Yno y treulient y gaeaf. Pan ddeuai'r bugail i'w hôl yn y gwanwyn, dim ond iddo weiddi "Dere'r hen boni," fe ddeuai hi ato'n ebrwydd, a rhoddai ef y cebyst ar ei phen, a ffwrdd â hwy, bob un yn dilyn ei fam. Byddent yn synhwyro bod y gwanwyn wedi dod, a hwythau i dreulio chwe mis arall ar fynyddoedd y Diffwys.

Nid oedd neb na dim yn gallu darogan tywydd fel yr hen boni goch. Yn y gaeaf, tua thridiau cyn dyfod storom fawr o wynt a glaw a chenllysg, byddai hi 'rhen boni yn gwasgu at y tŷ yn barhaus gan fwyta ei siâr o fwyd y gwartheg a gedwid allan yn ymyl y tŷ dros y gaeaf. Y nos cyn i'r storm ddod byddai hi a'i thylwyth yn mynd yn ôl i dir Blaen-rhos (a oedd yn ffinio), a gwyddent i'r dim ble i lechu rhag y storm pan ddeuai.

Yr oedd merlen wen nodedig hefyd yn Nôl-goch, ac yn saff o ddod at y tŷ cyn storom fawr.

I mi, nid yw'r mynydd bellach mor hudolus ag y bu wedi colli'r golygfeydd hyfryd o weld y merlod yn eu mwynhau eu hunain ar erwau mynyddoedd Tregaron.

Defaid

Fel y gellid disgwyl, y ddafad oedd eilun mwyaf y mynyddwr. Amdani hi y byddai'n meddwl yn fwy nag am ddim byd arall. Ar bwys ei breiddiau 'roedd siawns iddo fyw yn dda ac i ddod yn gyfoethog. Dyna paham y byddai'n barhaus yn cadw llygad yn ofalus drostynt, ac yr oedd hefyd yn hyddysg yn y gwahanol nodau a geid ar y diadelloedd mewn cylch eang.

Bu aml i ddyfais gan berchnogion defaid y mynydd i gael nod neu nodau parhaol ar eu defaid. Y pwysicaf o'r nodau oedd y 'nod clust'. Arbedodd nod arbennig lawer iawn o anghydfod rhwng ffermwyr y mynydd, yn enwedig cyn i ffiniau pendant gael eu tynnu gan wŷr y llywodraeth rywbryd yn y ganrif ddiwethaf.

Gwelwn felly graffter a dyfais y mynyddwr pan gydiodd yn y syniad o gael nodau clust a fyddai yn aros yn barhaol dros oes y ddafad. Diflannu gydag amser a wna pob nod arall a roddir ar y gwlân ar ôl pob adeg cneifio. Tybed a fu cymanfa neu bwyllgor rhwng deiliaid tir y gwahanol fynyddoedd, yn setlo ynglŷn â'r llu o wahanol nodau a geid ym mhob rhan o Gymru. Rhaid bod rhai miloedd o wahanol rai wedi eu dyfeisio ar yr holl ffermydd mynydd, a hefyd y rhai ar ddefaid 'gwaelod gwlad' a ddanfonid unwaith i'r mynydd yn ystod misoedd yr haf. Dysgai'r ffermwyr y nodau ar eu cof fel y byddai plentyn ysgol yn dysgu'r Wyddor. Gwn am rai o hyd sy'n feistriaid ar y nodau — rhai fel Willie Owen, Ty'n-ddôl, Hughie Jones Dôl-goch, David Jones Nant-y-maen a'r brodyr o Nant-llwyd. Erbyn hyn mae rhagor nag un rhestr ysgrifenedig ar gael o'r gwahanol nodau, fel yr un a geid yn Nantstalwyn gynt, ac yn awr ym meddiant yr unig ferch Elizabeth Jones, Y Dinas, Llanwrtyd. Cefais fodio trwy un casgliad arall. Fe'i casglwyd ynghyd gan un Evan Lewis Pen-cae Esger-fraith, Beulah, a oedd yn fugail defaid ei hun. Mae'n llyfr trwchus yn cynnwys 685 o wahanol nodau clust a berthynai i ffermydd mewn pump o siroedd. Cyn ei farw fe drosglwyddodd Evan Lewis y llyfr i'w gyfaill David Jones, y Llythyrdy, Abergwesyn, yntau yn fugail ac yn hanesydd o'r math gorau. Ychydig iawn o addysg a gafodd yr Evan Lewis uchod, ond mae'r casgliad yn ddestlus drwyddo. Gwelais fedd y casglwr ym mynwent capel y Bedyddwyr, Pantycelyn yn ymyl bedd ei frawd, y bardd Ieuan Buallt.

46

O fynd trwy'r casgliad uchod, ceir fod dau nod clust yn perthyn i ambell ffarm fel Garreg-lwyd, Rhydfendigaid, a'r Henfron, Rhaeadr-Gwy, a Nantstalwyn, Cwm Tywi. 'Roedd tri nod gwahanol yn perthyn i ddiadelloedd y Fanog hyd 1917, a dau ar ddefaid Bronrhelem hyd y diwedd.

Ceir yn y llyfr uchod ddeugain namyn un o enwau ffermydd yn cychwyn gyda Nant, fel Nant-rhwch, Nantneuadd, Nant-llwyd, a Nant-y-maen (i gyd yng nghymdogaeth Soar-y-mynydd). Yn y llyfr ceir enwau tair ffarm ar ddeg yn cychwyn gyda'r gair Maes, fel Maesybetws, Camddwr, Maes Llangurig, Maesgwaelod, Llanwrtyd a Maes-llech, Beulah etc. Naturiol fyddai disgwyl gweld enwau ar ffermydd yn cychwyn gyda'r gair Lluest, fel Lluest-fach, Llanwrthwl; Lluest-dôl-gwiail, Llangurig; a Lluest Cwm-bach, Cwmdeuddwr, etc.

Ceir enwau pedair ar hugain o ffermydd yn cychwyn gyda Llwyn, fel Llwyn Hywel, Beulah; Llwyncadwgan a Llwynderw, Abergwesyn; Llwynwnwch, Pontrhydygroes; a Llwynfynwent, Llanwrtyd.

Mae amryw o enwau yn cychwyn gyda Hen, Megis Hendre, Henhafod, Hengau a Hengwm, etc.

Peth i sylwi arno yw bod yr holl enwau yn y casgliad uchod yn enwau Cymraeg persain; ac yn brawf pendant mai Cymry uniaith oedd yn byw ar ffermydd y mynydd yn y parthau hyn.

Llun o'r clustiau'n unig, gyda'r nodau, a geir yn llyfr Evan Lewis heb yr un ymgais i ddisgrifio'r gwahanol nodau. Mae'r casgliad hwn o ddiddordeb mawr i'r sawl sy'n gwybod am fyd y defaid. Dyma ddwy enghraifft o'r llyfr:—

Nod 1

Nod 2

Am na roddodd Evan Lewis ddiffiniad o'r holl nodau clust a ddefnyddid yn y llyfr, dyma hwy — *Bwlchplyg, Gwennol, Torri blaen, Twll yn y canol, Carrai step, Goledd, Bwlch-tri-thoriad, Cil-hollt* (ochr y glust), *Hollt-tac* (un bach).

Casgliad arall o nodau clust yw'r un sy ym meddiant John Jones Y.H., Llanddewibrefi. Ceir yn y llyfr hwn nodau clust saith deg pump o ddiadelloedd defaid ffermydd gwlad, yn ogystal â rhai'r mynydd. 'Roedd hynny pan oedd ffermwyr gwlad yn pori eu defaid ar y mynydd dros yr haf. Er enghraifft, ceir nodau defaid John Jones, Allt-ddu, a William Jenkins, Cefn-garth ac amryw eraill o'r wlad, hefyd nodau ffermydd mynydd fel Nant-llwyd, Gaer-lwyd, Draenllwyndu, Nantgwarnog a Thyncornel, etc. Dyma un enghraifft o'r nodau clust yn y llyfr — rhai praidd John Evans, Rhysgog — Care o dan y dde; Gwennol yn yr aswy a Thac oddi tano.

Yr un fu nodau clust y gwahanol ffermydd ar hyd y canrifoedd.

Dysgai rhieni ambell ffarm nod clust eu ffarm i'w plant mewn rhigwm fel —

Nod Dôl-goch ar hyd yr oesau
Ydyw torri blaen y clustiau;
Tac bach twt o dan y pella
A'r un fath o war y nesa.

Dyma fel y cofid nod clust defaid Moelprysge —

Care fain o dan yr ase
Bylchau bawd o war y clustie;
Dyna ydyw nod Moelprysge.

Nod clust Nant-rhwch oedd —

Torri blaen a charrai yn y nesaf, a thorri blaen a bwlch plyg o dan y pella.

Er bod nodau clust tair ffarm fynydd a oedd yn ffinio yn hynod o debyg i'w gilydd, eto gallai'r bugeiliaid eu hadnabod o bell.

Gwaith digon annifyr oedd gan y sawl a fyddai'n torri'r nodau ar glustiau ŵyn pan fyddent yn ifainc, canys dyna'r pryd y nodid yr holl stoc. Rhaid fyddai wrth brofiad arbennig a hefyd gyllell finiog i wneud y gwaith hwn, a gwelid dwylo'r gŵr a fyddai wrth y gwaith hwn wedi eu cuddio â gwaed. Teimlai'r ŵyn hwythau y loes, a gwelid hwy'n ysgwyd eu pennau megis mewn protest yn erbyn y fath greulondeb. Nod clust oedd yr unig nod parhaol y gellid drwyddo dystio i berchnogaeth dafad ar hyd ei hoes.

Ceid ambell i gnaf wrthi o dro i dro yn caboli ar y nodau clust, a hynny, dybiai ef, yn troi yn fantais iddo ei hun, ond er cymaint y demtasiwn gwelai y gŵr call mai dim ond ei ddwyn i drybini y byddai ceisio newid ar y nodau clust, er mor hyddysg a medrus y gallai fod yn y gwaith.

Câi'r sawl a fu'n ymhél â newid y nodau hefyd nod am ei oes — sef 'lleidr defaid'. Yn y canrifoedd cynnar yn hanes y mynydd, os profid rhywun yn euog o ddwyn defaid, talai y troseddwr y penyd eithaf am y drosedd — fe'i crogid mewn man agored, y rhan fynychaf ar 'sgwâr y dre'. Er hynny, gyda'r blynyddoedd lliniarwyd ar y gosb. Yn gyntaf carchar a gâi'r troseddwr, ac ymhen blynyddoedd eto telid am y gosb mewn arian. Cymerid diddordeb mawr, yn arbennig gan bobl y wlad, pan fyddai un yn mynd o flaen ustusiaid, neu mewn llys chwarter, a rhyfedd mor hyddysg y byddai gwŷr y gyfraith yn hanes nodau clust. Caed aml i sesiwn diddorol pan gyhuddid dyn am ladrata defaid hyd yn oed yn Nhregaron, a rhai ffermwyr yn treulio'r dydd cyfan i wrando ar huodledd cyfreithwyr a bar-gyfreithwyr.

Ar ddydd cneifio rhoddid pyg o'r newydd ar y defaid, gyda llythrennau breision enw'r perchennog. Er enghraifft, os Thomas Jones, dyweder, oedd y perchennog, fe osodid T.J., weithiau ar ochr dde i'r ddafad, bryd arall ar yr ochr chwith neu ar y grwper. Gwaith blynyddol oedd y marcio hwn. Pur anaml y newidid y nodau pyg. Ceid rhai eithriadau — pan brynodd Corfforaeth Dinas Birmingham gannoedd lawer o erwau o dir yng Nghwm Elan ar gyfer y cronfeydd dŵr yn nechrau'r ganrif hon, gwelid y defaid a borai ar y mynyddoedd hyn â'r llythrennau B.C. arnynt yn dynodi *Birmingham Corporation.*

Gwartheg Mynydd

Ar un adeg, dyweder ddwy ganrif yn ôl, ceid llawer iawn o wartheg yn pori ar fynyddoedd Tregaron fel a geir ar fynyddoedd yr Alban heddiw. Gellir deall, er hynny, fod gwartheg mynydd-oedd Tregaron yn rhai mwy o faint na'r rheini ac felly yn drymach. Y tebyg yw mai'r hen frîd o wartheg duon Cymru a geid yno ar y cychwyn. Medrent ddal yr hinsawdd oerach yn well na bridiau diweddarach a ddaeth ar hyd y wlad, ac 'roeddent yn nodedig am eu bod o gryfach cyfansoddiad. Byddent yn hollol wyllt a dilynent ei gilydd yn heidiau fel y byddai defaid yn heidio. Adroddir am ddamwain druenus a ddigwyddodd ar y mynydd un tro. Mewn dychryn neidiodd un eidion i bwll yr Hirnant, a dilynodd y lleill ef yn union fel y gwna twr o ddefaid. Y canlyniad fu i saith ugain o wartheg fynd blith draphlith ar ben ei gilydd a boddi yno. Dyna paham y gelwid y pwll ar ôl hynny yn 'Bwll y saith ugain'. Er hynny, o dipyn i beth rhoddodd y ffermwyr heibio yr arfer o gadw da gwyllt ar y mynydd, a chynyddu eu stoc ddefaid a merlod. Wedi hynny, ni chadwent ond ychydig o wartheg godro yn agos i'r tŷ, i'r amcan o gael llaeth at wneud ymenyn yn ystod misoedd yr haf.

Cŵn y Mynydd

Y cŵn oedd gweision mwyaf ufudd y bugail. Byddent wrth law ar bob adeg, ac yn arbennig o hoff o'u cartrefi. Ar un adeg, cyn tynnu ffiniau pendant, ceid dau fath o gŵn ar y mynydd — y ci defaid a fyddai'n hel diadell ynghyd, a'r cŵn cwrsio a fyddai yn ei herlid. Wedi tynnu ffiniau mwy pendant rhwng y gwahanol ffermydd, gwelwyd gwneud i ffwrdd â'r cŵn cwrsio. Cyfrifid fod gwaith cŵn y mynydd yn un caled a gallai cŵn a oedd bron â methu ar y mynydd gario ymlaen gyda'r un gwaith ar ffermydd y wlad am sawl blwyddyn arall.

'Roedd cŵn y mynydd yn agored i lawer iawn o ddamweiniau. Er enghraifft, rhedai ambell i gi yn groes i nant yn llawn dŵr, a heb yn wybod iddo gallai faglu wrth redeg drosodd a disgyn ar ei gefn i'r nant a chael ei gario ymaith gan y llif a boddi. Ar gyfartaledd ychydig o gŵn a fegid ar y mynydd. Fe brynid llawer ohonynt oddi wrth ffermwyr a thyddynwyr y wlad pan fyddent ond ychydig fisoedd oed, ac yn barod i ddechrau cael eu dysgu. Daliai aml un o ffermwyr y mynydd mai'r hen fridiau cynhenid oedd y rhai mwyaf pwrpasol at bob math o waith. Er hynny, yn y blynyddoedd diweddaraf aeth yn ffasiynol talu'n ddrud am frîd o'r Alban a elwid y 'Border Collie' gyda rhes o achau yn ei ddilyn i'w gartre newydd.

Un o'r pethau cyntaf y byddai raid i fugail ifanc ei ddysgu oedd sut i chwibanu. 'Roedd hyn yn y blynyddoedd cyn bod 'whistles' parod yn cael eu gwerthu yn y siopau. 'Roedd dysgu chwibanu iddo fel dysgu yr ABC mewn ysgol. Dyna'r ris gyntaf iddo roi ei droed arni os am fod yn fugail llwyddiannus. Gyda'i fysedd yn ei geg y byddai'n chwibanu. Byddai'n fantais wrth fysedd hirion, gweddol fain. Ceid llawer iawn o wahanol ffyrdd o chwibanu, a chymaint â hynny o wahanol seiniau. Medrai ambell un chwibanu gyda dau fys o un llaw; y bys nesaf at y bys bawd a'r bys nesaf at y bys bach. Gwelid ambell i fugail yn defnyddio bysedd y ddwy law ar yr un pryd — mantais fawr iddo os gallai chwibanu gyda bysedd un llaw yn unig. Yna byddai ganddo y llaw arall at iws i gario ffon, neu bastwn, neu arwain ei ferlen. Weithiau gallai'r gwynt fod yn gryf a chario'r sŵn i gyfeiriad arall pan fyddai yn rhoi cyfarwyddyd i'w gi sut i weithredu nesaf. 'Roedd y bugail yn awyddus i gael ci i'w ddysgu yn ifanc cyn bod neb arall wedi bod yn gosod rheolau i lawr iddo. Mae'n wir nad yw ci defaid yn gi i bawb, ci i'w feistr yn unig yw.

Soniais o hyd ac o hyd yn y bennod hon am gi. I bob pwrpas mae'r term yn cynnwys yr ast hefyd, er mai cŵn a geid yn y mwyafrif o ffermydd y mynydd.

Llwdn Strae

'Roedd y term 'Llwdn Strae' yn un cyfarwydd i'r mynyddwr. Dafad neu lwdn oedd hwn wedi colli ei gyfeiriad yn llwyr. Nid oedd ganddo mwyach reddf i dynnu'n ôl at ei luest neu esgair ei gynefin. Felly rhyw unigolyn fyddai na chawsai lonydd yn unman, byddai 'o flaen y cŵn' yn barhaus. Canodd Isgarn y bardd o Flaencaron gân i'r 'Llwdn Strae', a chan y credaf y bydd o ddiddordeb i rywrai i'w darllen, fe'i rhoddir mewn pennod arall.

Gwlana

Efallai mai priodol yw sôn yma am yr hen arferiad o wlana ar y mynydd sydd yn mynd yn ôl dros ddwy ganrif ac a ddaeth i ben tua chanol y ganrif o'r blaen. Byddai raid wrth ganiatâd perchnogion y gwahanol ddiadelloedd. Dwy ganrif a rhagor yn ôl 'roedd gŵr cyfoethog fel David Williams Dôl-goch, Dyffryn Tywi ac eraill yn rhoi caniatâd i wragedd o bell ac agos fynd am ddiwrnod yn unig i wlana ar y mynydd. Byddai gan wragedd y gwahanol gymdogaethau eu hoff leoedd. Digwyddai'r gwlana yn ystod yr ail wythnos ym Mehefin. Mynnai'r gwragedd wneud y gorau o'r diwrnod yma gan gychwyn yn fore iawn a dal ati hyd wedi machlud haul.

'Roedd unwaith ddwy chwaer yn byw yng Nghwm-du yn Nyffryn Tywi wedi trefnu mynd i wlana ar fore Llun. Er mwyn bod yn barod i'r gwaith aeth y ddwy chwaer i'r gwely ar ôl cinio ar brynhawn Sul. Cysgodd y ddwy yn drwm. Nid oedd ganddynt gloc yn y tŷ i gadw'r amser. Pan ddeffroesant, 'roedd yr haul yn tywynnu a ffwrdd â hwy i'r mynydd. Pan oeddent wrth y gwaith o wlana daeth Thomas Jones yr Hafdre ar eu traws, a synnu atynt eu bod yn casglu gwlân ar y Sul. Yr oedd y chwiorydd wedi cymysgu'r amser ac yn meddwl mai allan ar fore Llun yr oeddent.

Ar un adeg deuai menywod a'u plant i'w helpu i wlana o bell ffordd, weithiau mor bell â Cheinewydd a Dyffryn Aeron.

Daeth yr hen arferiad i ben pan beidiodd y galw am hosanau gwlân i'w gwerthu. Un adeg byddai'r gwragedd a'r merched a oedd yn byw yn y cylch yn treulio llawer o'u hamser yn gwau hosanau a siolau i'w gwerthu. Byddent yn troi gwlân eu defaid (yn ogystal â'r gwlân a gasglent adeg y gwlana ar y mynydd) yn edafedd, drwy ei nyddu, a hefyd ei liwio os byddai angen hynny. Un peth a ddefnyddient i liwio'r edafedd oedd rhyw fath o fwswgl a dyfai ar y mynydd. Byddai Rhys Williams Nantneuadd, a oedd yn byw yn yr ardal, yn prynu'r cynnyrch a mynd ag ef yn becynnau ar ei gefn i'w werthu i Ddowlais a Merthyr. Cyfrifid Rhys Williams yn gerddwr heb ei ail — gadawai ei gartref am dri o'r gloch y bore er mwyn cyrraedd Dowlais erbyn yr hwyr. Byddai'n arferiad gan y gwragedd fynd i dai ei gilydd i wau. Os digwyddai fod llif yn y ddwy afon (Camddwr a Thywi) defnyddient stôl o'r tŷ a'i gosod o'u blaen a phwyso arni, a symud y stôl bob yn gam a cham wrth groesi i dŷ cymydog. Mae'n debyg y byddai rhai o'r dynion a oedd yn byw yng nghymdogaeth Abergwrach yn cael eu cyflogi yng ngwaith plwm Rhydtalog a oedd yn gyfleus iddynt.

Mae dau lecyn ar y mynydd i'n hatgoffa am yr hen arferiad, sef 'Carreg Bara Chaws' ar fynyddoedd Blaencaron, a 'Cerrig Bara Chaws' ar un o fynyddoedd y Fanog. Ar y cerrig hyn y byddai'r menywod a'u plant yn bwyta eu tamaid, a'i olchi i lawr gyda llymaid o ddŵr.

Rhai Ffermydd a'u Teuluoedd

I'r lliaws o bobl gyffredin term cymharol newydd yw 'economeg', ond os yw'r term yn newydd fe'i gweithredid erioed ym mhob cylch. Nid gwersi mewn coleg a ddysgodd bobl y mynydd sut i fyw. Dysgasant y gwersi sylfaenol hynny drwy eu profiad a thrwy gydymffurfio â'u hamgylchedd. Ni wyddom pa bryd, ond tebyg iddynt ddysgu gwersi a dod i wybod ar faint o arwynebedd o dir y gallai teulu gael bywoliaeth gysurus. Yn y blynyddoedd cynnar 'roedd pawb yn fodlon os gallent dalu'r ffordd, a pheidio â rhedeg i ddyled.

Byddai raid i ffarm fynydd fod o leiaf yn fil o aceri os am fyw yn llwyddiannus. O fynd dros y rhan fwyaf o'r ffermydd hyn cawn fod y ffaith wedi ei gwireddu. Perthynai i Gwm Berwyn fil a dau gant o aceri o dir, ac ychydig yn llai i ffarm y Diffwys. Er hynny, amrywiai maint arwynebedd y ffermydd. Perthynai dwy fil, dau gant dau ddeg ac wyth o erwau i ffarm Nant-y-maen, sydd yn ffinio â'r ddwy ffarm uchod.

Dyma rai sylwadau ar rai o'r ffermydd a geid ar y mynydd yng nghyffiniau pen uchaf Cwm Tywi. Mae'r rhain yn wag erbyn hyn. Aethant i ddifancoll o un i un, a cheisio diogelu peth o'u hanes a wneir yn y bennod hon.

Y Fanog

Y Fanog oedd un o'r ffermydd mwyaf ei harwynebedd, a hefyd yr un fwyaf toreithiog ym mhen uchaf Cwm Tywi. 'Roedd y ffarm hon yn cynnwys miloedd lawer o erwau. Erbyn hyn, nid oes yn aros ddim o'r tir i gadw stoc. Aeth llawer o'r tir i blannu coed, a'r rhan arall — gan gynnwys yr adeiladau — dan ddŵr llyn Brianne. Tynnwyd llun o'r tŷ byw yno yn y flwyddyn 1910; tŷ helaeth, a hwnnw wedi ei wyngalchu.

Daeth rhagor nag un aflwydd i nychu a difetha bywyd cymdeithas fynyddig cymdogaeth Soar-y-mynydd. Pan aeth y Comisiwn Coedwigo ati i blannu fforestydd newydd yng Nghymru, un ohonynt oedd fforest Tywi. Mae'n cynnwys dwy fil o aceri ar diroedd sir Aberteifi, Brycheiniog a Chaerfyrddin a rhan dda o'r tir rhwng Abergwesyn a Thregaron.

'Roedd i'r Fanog hanes maith a diddorol. Yn ôl yr hyn a ddywed y Dr Arbour Stephens ceir cyfeiriad at y Fanog pan oedd y Rhufeiniaid yn gweithio gwaith aur yn Nolau Cothi yn sir Gaerfyrddin, ac 'roeddent yn ystorio aur ac arian yng Nghastell Collen yn sir Faesyfed. Fe redai un o'r hen briffyrdd Rhufeinig heibio i'r Fanog ac ar y ffordd honno y symudid yr aur o'r gwaith yn Nolau Cothi i Gastell Collen.

Fe ddywedir i dai byw y Fanog fod ar yr un safle ar hyd yr holl ganrifoedd. Adeiladwyd y tŷ byw diwethaf yno yn y flwyddyn 1778 gan un David Jones, ffarmwr defaid cefnog. Hanai ef o deulu uchel-dras yn sir Frycheiniog. Daeth i ddal darn helaeth o dir rhwng afonydd Tywi ac Irfon, a fu unwaith yn eiddo i'r mynachod Sistersaidd yn Ystrad Fflur. Gellir olrhain hanes y tir hwn yn ddiweddarach yn mynd i deulu'r Steadmans, ac yn ddiweddarach fyth i'r Poweliaid yn Nanteos.

Ym mynwent Llanddewi Abergwesyn ceir carreg fedd i Mary Jones, ac enwir ei gŵr fel David Jones, Ysw. Bu Mary Jones ynghyd â'i thad-yng-nghyfraith Peter Jones, Dugoedydd a Nant-y-brain, Abergwesyn, farw yn y Fanog. Ymbriododd David Jones yr eilwaith, ac wedi hynny cododd ef y tŷ hardd Llwynderw, Abergwesyn. Mae Llwynderw erbyn hyn yn westy cymeradwy ac enwir y lle gan y Bwrdd Croeso fel un o'r radd orau. Bu dau o'r plant o'r briodas hon farw yn y Fanog cyn i David Jones a'i wraig Letisia ymadael am y tro olaf a throi tua'r dwyrain i fyw i Lwynderw, tua'r flwyddyn 1796.

Am tua chan mlynedd ar ôl hyn ceir enwau pobol eraill yn byw yn y Fanog, Thomas Jones 1773-1847 ynghyd â'i wraig Charlotte, a fu farw ym 1849. Ceir cofeb hardd i'r ddau ym mynwent eglwys Llanddewi Abergwesyn. Yn ôl ewyllys Thomas Jones, ar ôl marw

Ffermdy'r Fanog ar fin cael ei boddi yn Llyn Brianne.

56

ei wraig, 'roedd defaid y Fanog i fynd i'w nai ym Mhantyclwydau, lle a safai yn nes i fyny yng Nghwm Tywi. Chwalwyd Pantyclwydau adeg gwneud y ffordd newydd i Lyn Brianne, ond fe welir olion o'r tai allan yno o hyd wrth basio ar y ffordd.

'Roedd Thomas Jones, ieuengaf, a ddaeth i fyw i'r Fanog wedi priodi Ann Williams, Bronrhelem. Safai Bronrhelem gyferbyn â Phantyclwydau. Pan fu farw ei wraig, 'roedd Thomas Jones yn 75 mlwydd oed. Cafodd Thomas Jones ei ddirwyo o bum punt am iddo ddanfon ei weision i dorri bedd i'w wraig ym mynwent Llanddewi Abergwesyn, heb ofyn caniatâd y Ficer a oedd yno ar y pryd. Ddwy flynedd yn ddiweddarach bu farw Thomas Jones ac fe ddaeth y Fanog yn eiddo i'w ferch Jane. 'Roedd gan Jane Jones dair chwaer arall, a cheir rhai o'r tylwyth yn byw o hyd yn yr ardal.

Mae amryw o hyd yn cofio am y ferch a adnabyddid ymhell ac yn agos fel 'Miss Jones, Y Fanog' a da y dywedodd rhywun a'i hadnabu, 'The charming and greatly respected Miss Jones, Y Fanog'. Fe gofir am ei haelioni mewn llawer cylch, yn arbennig gyda mudiadau crefyddol heb anghofio ei charedigrwydd tuag at achos capel Soar-y-mynydd, yng Nghwm Camddwr. Daliodd hi yn nhraddodiad ei theulu a fu â rhan yng nghodi'r capel cyntaf yn y flwyddyn 1822. Wedi hynny byddai amryw o deuluoedd y cylch yn lletya pregethwyr a ddeuai yn eu tro i wasanaethu ar y Sul. Deuai'r ddyletswydd hon heibio unwaith bob wyth wythnos fel rheol, ond deuai tro teuluoedd y Fanog a Nantstalwyn i groesawu pregethwr yn amlach, sef bob pum wythnos.

Bu farw Miss Jones y Fanog ar y 15fed o fis Hydref 1916 yn 72 mlwydd oed. Bu sôn am ei hangladd gan mor niferus oedd y cynhebrwng, rhai wedi dod mor bell â phymtheg milltir. Yn arwain yr angladd 'roedd ei phrif-fugail David Jones, Frongilient ar gefn ei ferlen. Cludid yr arch ar elor i fynwent eglwys Llanddewi Abergwesyn.

Gwerthwyd y cyfan o stoc y Fanog (ar wahân i'r defaid) ym mis Medi 1917, a channoedd o bobl eto wedi crynhoi i'r arwerthiant.

Bu Miss Jones y Fanog farw yn ddiewyllys a rhannwyd ei stad rhwng dwy chwaer iddi, ac un nai ac un nith.

Yr hydref hwnnw — 1917 — cymerwyd y ffarm drosodd gan Evan Davies, un a fu'n gweithio cyn hynny yn y Fanog am wyth mlynedd ar hugain, a bu'n was da a ffyddlon yno. Bu ef fyw yn y

Fanog hyd 1941, pryd y symudodd i fyw i Nantgwarnog, Llanddewibrefi, ac yno y bu hyd ei farw ym 1944 yn bedwar ugain oed. Hen lanc fu Evan Davies ar hyd ei oes ac edrychid ar ei ôl gan nith iddo.

Torrwyd y ddolen olaf â'r Fanog pan ymadawodd Evan Davies oddi yno. Daeth y Comisiwn Coedwigo i ddechrau ymyrraeth yn yr ardaloedd hyn tua'r un adeg. Un o'r effeithiau oedd colli llawer o dir a chartrefi lle y codesid teuluoedd â nodwedd a delwedd y mynydd ar eu dull o fyw. Collwyd yn sgîl hyn, hefyd, lawer o enwau persain ar leoedd a chartrefi, fel y Trawsnant, a Throed-rhiw-ruddwen, Henfaes, Dalar-wen, Banc-cwm-cae-rhedyn, Troedrhiwcymer, Pen-raglan-wynt, Penrhiw-iâr, Gelli Herin, Rhyd-y-groes, Troed-rhiw, Dinas, a Maesmeddygon. Gyda hyn gwelwyd cronni Llyn Brianne a diflannodd dau gartref, sef y Fanog a'r Gniach, a heb fod ymhell hen adeiladau gwaith plwm Rhydtalog. Y tro diwethaf y gwelais adeiladau'r Fanog 'roeddynt bron â diflannu dan ddŵr y llyn newydd.

Cedwid bugeiliaid y Fanog yn brysur drwy gydol y flwyddyn. Perthynai iddi dros ugain o esgeirydd. Trysoraf enwau y rhain a theimlaf hi'n fraint i osod eu henwau yma, fel y cefais hwy gan yr hanesydd David Jones Llythyrdy, Abergwesyn — ef yn fab i brif-fugail y Fanog:

Pencerrig Gwynion, Craig Carreg Frân, Cefn Coch, Cerrig-bara-chaws, Pantygorlan-ddu, Ffosycadno, Pantgleision, Esger-nantyfyddai, Esgercerrig, Goyallt, Esgercynnydd, Ffos-to, Esger Nant-y-craf, Cnape-mynydd-bychan, Cnape Cefn-gwair, Gripin, Esger-cae-du, Craig-cae-du, Esgair-fach. Esgair-lluest, Penygorlan, Bryn-yr-eira, Glas y Fanog, Esgairbustach, ac Esger-bedw.

Ffarm Dôl-goch

Bu i'r ffarm hon hefyd hanes maith. Saif y tŷ byw tua chan llath o afon Tywi, bron gyferbyn â Nant-rhwch — ffarm a saif ar godiad tir yr ochr draw i'r afon. Rhed y ffordd sy'n mynd o Dregaron i Abergwesyn (hen ffordd y porthmyn) ryw chwarter milltir yn nes i fyny'r afon. Ar un adeg 'roedd arwynebedd ffarm Dôl-goch yn 2,581 o erwau. Aeth y Comisiwn Coedwigo â'r rhan fwyaf o'r tir,

Afon Tywi, gyda ffermdy Dôl-goch ar y gwastadedd, a ffermdy Nant-rhwch ar dir uwch.

gan adael tua phum cant i gadw stoc arno, erwau sydd o hyd yn neiliadaeth Mrs Margaret Jones, Pant-y-craf, Blaencaron a'i mab Huw. Dyma deulu a fu â chysylltiad â Dôl-goch am yn agos i gan mlynedd. Perthynai i ffarm Ddôl-goch yr esgeirydd a ganlyn — Esgergerwn, Cefn-isaf a'r Hirnant. Ar Esgair-yr-hirnant y ceid y pwll a elwid 'Pwll y saith ugain'. Ceir cyfeiriad at y pwll mewn pennod arall yn y gyfrol hon.

Y cyfeiriad cyntaf a welais at ddeiliadaeth Dôl-goch yw bod David Williams yn byw yno yn nechrau'r ddeunawfed ganrif.

'Roedd ef yn fab i un John Williams o Landdewibrefi. Yr oedd y David Williams hwn yn un o fonedd sir Aberteifi gan y cyfeirir ato yn barhaus fel 'Gent'. Yr oedd yn Uchel-sirydd yn y flwyddyn 1725. Ceir hanes y teulu hwn yn nes ymlaen yn y bennod hon. Rhaid mai teulu'r Trawscoed oedd yn berchen Dôl-goch yr adeg yma, canys ceir hanes fod y meistr tir wedi rhoddi rhagor o dir i David Williams, sef y Giach, Cwmddwy, Hirnant a Nant-y-bont ar les, ac am rent blynyddol o ddeg gini, a rhodd o bum gini arall. (Gweler *Trawscoed Deeds,* Cyfrol I, tud. 145).

Y deiliaid diwethaf a fu yn Nôl-goch oedd Mr Huw Jones a'i deulu. Yr oedd ef wedi ei fagu ym Mhenwernhir, Pontrhydfendigaid. Fe'i ganwyd yn ôl yn nechrau'r ganrif o'r blaen. Daeth i fyw i Ddôl-goch yn y flwyddyn 1880. Bu ef yn briod dair gwaith a magodd deulu lluosog. Gwelodd Huw Jones amser caled pan oedd yn dechrau byw yn Nôl-goch. Yn ystod yr ail aeaf yno collodd gannoedd o'i stoc ddefaid oherwydd lluwch enbyd. O'r arian a gafodd am grwyn y defaid marw y talodd ef hanner y rhent am un flwyddyn a oedd yn ddyledus. Mae un ffaith yn werth ei nodi am y gŵr hwn. Daliodd ef gysylltiad â bro ei eni tra gallodd. Pan oedd yn iach a heini cerddai i'w gapel ym Mhontrhydfendigaid ar y Sul, taith o ddeg milltir un ffordd. Ei fab John Jones a'i deulu oedd y rhai diwethaf i fyw yno.

Cofir o hyd am un digwyddiad arbennig yn Nôl-goch. Yn y flwyddyn 1911 cydiodd tân yn y tŷ byw a llosgwyd y cyfan ohono. Er hynny, llwyddwyd i dynnu peth o ddodrefn y tŷ allan. Gwelais un o'r celfi hynny a oedd yno pa ddydd, ac 'roedd ôl y tân mawr i'w weld arno. Er bod afon Tywi yn rhedeg heibio yn weddol agos i'r tŷ methwyd â'i ddiffodd gan nad oedd yr un ffôn yn agos, ac ni allai yr un frigâd dân gyrraedd y ffarm. 'Roedd y ffarm y pryd hwnnw yn perthyn i stad y Trawscoed (Lisburne). Y flwyddyn ddilynol ail-godwyd y tŷ. Cludwyd y nwyddau angenrheidiol, fel coed a llechi newyddion, o orsaf Ystrad Fflur. Ffermwyr cylch Pontrhydfendigaid a fu wrth y gwaith. Gwelid rhes o gerti yn mynd i Ddôl-goch dros y mynydd o Bantyfedwen, taith o tuag un filltir ar ddeg. Yr oedd yn arferiad y pryd hwnnw i bawb a allai 'daflu llwyth' i helpu cymydog y byddai angen cymorth felly arno.

Nantstalwyn

Cymerodd y ffarm yr enw o'r nant a elwir yn 'Nant Stalwyn' a red y tu cefn i'r adeiladau. Mae'r tŷ presennol sydd yno a'i furiau wedi eu codi o gerrig gweddol fychain, er nad oes sicrwydd erbyn hyn o ble y cafwyd hwy ar y mynydd, ac mae llawr y tŷ hefyd wedi ei naddu o'r graig neu'r ddaear yma. Mae afon Tywi yn rhedeg yn agos i'r adeiladau, a bu i hyn ei fanteision a'i anfanteision. Cyn adeiladu'r bont dros yr afon yn ymyl gallai'r llifogydd fod yn rhwystr ac yn beryglus.

Ychwanegwyd tir at ffarm Nantstalwyn o dro i dro; rhoddwyd ati dir Esgergarthen a Moelprysge a Nant-rhwch, a byddai y tir felly yn cyrraedd am filltiroedd i gyfeiriad Rhaeadr Gwy.

'Roedd esgeirydd Nantstalwyn yn lluosog, rhai fel Esgair-ganol-ddu, Esgair-garreg-frân, Esgair-graig, Esgair-ochr-draw-i-Irfon, Nant-adar ac Esgair-rhiw-porthmyn.

'Roedd hanes arbennig i'r Esgair-ochr-draw-i-Irfon. 'Roedd hon unwaith yn rhan o'r tir mynydd, ond dechreuodd deiliaid Nantstalwyn bori y darn hwn o'r mynydd, a chydag amser fe'i cyfrifid yn rhan o ffarm Nantstalwyn. 'Roedd hefyd i Esgair-rhiw-porthmyn ei hanes. Byddai'r llwybr, neu ffordd y porthmyn, yn mynd trwy ran o'r esgair hon. O'r gwanwyn cynnar hyd ddiwedd hydref byddai porthmyn Tregaron yn mynd â'u gwartheg dros yr esgair hon i farchnadoedd Lloegr. Byddent yn croesi afon Tywi bron yn ymyl Nantstalwyn. Y pryd hwnnw nid oedd bont dros yr afon. Os byddai'r afon dros ei cheulannau byddai raid i'r gwartheg nofio drwyddi, ond gan fod rhagor o afonydd dyfnach i'w croesi yn nes ymlaen ar y ffordd i ben draw Lloegr, byddai croesi afon Tywi fel rhyw rihyrsal i'r gwartheg druain.

Mae un peth yn arbennig am y ffarm hon. Ceir bod pum cenhedlaeth o'r un teulu wedi bod yn byw yma yn ddi-dor, a'r tebyg yw mai dyma'r unig ffarm fynydd lle y digwyddodd hyn. Y diwethaf o'r teulu a fagwyd yma yw Mrs Elisabeth Jones, Y Dinas, Llanwrtyd.

*   *   *   *

Ceisiaf yma olrhain hanes y teuluoedd hynny a fu'n amlwg yn ffurfio'r gymdeithas a fu unwaith yn flodeuog yn y parthau yma. Gobeithio y gwêl y darllenydd y cysylltiadau agos a oedd rhwng amryw o'r teuluoedd, a hefyd yr enwau a dyfodd i fod yn benaethiaid eu hardal yn nydd ei bri.

Teulu Dôl-goch

Ceir cyfeiriadau aml at David Williams, Dôl-goch a oedd yn fab i un John Williams, Llanddewibrefi. Gellir casglu fod David Williams a'i wraig yn gyfoethog, a gall bod y gŵr neu'r wraig wedi etifeddu llawer o'r cyfoeth hwn. Cyfeirir at David Williams bob tro fel 'Gent'. Daliodd swyddi o bwys yn ei ddydd. Bu'n Uchel-sirydd yn y flwyddyn 1725. O'r briodas uchod cafwyd tri o blant, sef William, Nathaniel a Gwen.

William. 1698-1773: Hen lanc oedd William, ac ef a gymerodd at Ddôl-goch ar ôl marw ei rieni. Rywbryd yn ystod ei oes faith aeth i fyw i Bantseiri ger Tregaron. Daliodd i ychwanegu ac i helaethu'r tir a ddaliai. Adeg ei farw byddai'n pori bron yr holl dir o'r Diffwys i Lannerch-yr-yrfa. Ceir un cofnod amdano i'r perwyl ei fod yn meddu ar bedair mil ar bymtheg o ddefaid a phum cant o ferlod. Yr oedd ganddo hefyd diroedd yn sir Benfro a Brycheiniog. Yn y flwyddyn 1752 fe brynodd William Williams hefyd stad Llechwedd-deri yng nghanol y sir. Gaeaf caled iawn ar y mynydd oedd un 1772-73, a chollodd Williams lawer iawn o'i stoc ar y mynydd. Ceir un awgrym mai hyn fu achos ei farw ym mis Ionawr 1773. Fe'i claddwyd ym mynwent eglwys Llanddewibrefi a gwasanaethwyd ddydd ei angladd gan y Parch. Daniel Rowland. Fel ei dad bu'n Uchel-sirydd. Pan fu farw aeth ei holl gyfoeth i'w frawd Nathaniel.

Nathaniel Williams: Brawd i'r William Williams uchod. Ymbriododd Nathaniel Williams ag Elisabeth, merch i John Jones o Diserth, sir Frycheiniog. Bu farw ym 1793 a chladdwyd ef ym mynwent Ystrad Fflur. Bu'n byw ac yn ffarmio y Fynachlog-fawr, Pontrhydfendigaid. Ystyrid Nathaniel yn ŵr cyfrifol, a bu yn Uchel-sirydd ym 1776. Dywedir amdano ei fod yn ŵr rhadlon, ac o nodwedd grefyddol. Bu'n noddi y Parch. John Wesley ac yn rhoddi llety iddo pan oedd ar ei deithiau pregethu yn y sir. Pan fu farw Nathaniel fe ymgymerodd ei fab at ffarmio y Fynachlog-fawr. Ymbriododd ef â Mary, merch Bowen Jones, Trewythyn, sir Drefaldwyn. a bu farw ym mis Mai 1806. Yr oedd y teulu erbyn hyn yn byw yn Castle Hill, Llanilar. Yr oedd John Williams yn Uchel-sirydd ym 1801. Ymbriododd ei fab yntau, John Nathaniel Williams, a anwyd ym 1793, â Sarah Elisabeth, ail ferch Joseph Loxdale o Amwythig. Bu John Nathaniel Williams farw ym 1832, yntau wedi bod yn Uchel-sirydd ym 1815. Bu farw ei wraig yntau, Sarah Elisabeth, yn y flwyddyn 1862 a daeth y stad yn eiddo i'w brawd James Loxdale drwy ewyllys.

Gwen Williams: Chwaer i William a Nathaniel Williams uchod. Ymbriododd Gwen Williams â Rhys Davies, Pantyclwydau yn ardal Cwm Tywi. Yr oedd gan Rhys Davies frawd, sef William Davies yr Hafdre. Un mab yn unig oedd gan Rhys a Gwen Davies o'r enw John, a mynnodd ef yn ddiweddarach newid ei gyfenw i fod yn John Jones, fel yr oedd yn arferiad ymhlith aml i deulu y pryd hwnnw. Ar ôl marw ei ewythr daeth ei gyfoeth i'r nai hwn, John Jones, a'i wraig. Wedi byw yn yr Hafdre am rai blynyddoedd symudodd John Jones a'i deulu i fyw i Nant-llwyd. Cynhwysai ei stad erbyn hynny yr Hafdre, y Gamallt, Esgergelli a rhannau o Nantneuadd a Moelprysge. Yr oedd saith o blant gan y John Jones uchod a'i wraig, sef chwech o fechgyn ac un ferch. Bu farw John Jones ym 1824 a bu ei wraig farw ym 1872.

Dyma enwau'r plant:

William Jones a arhosodd yn hen lanc, ac a fu farw yn y flwyddyn 1800. Cyfrifid ef yn ŵr gwybodus ac yn ddarllenwr mawr.

John Jones (Pencefn, Sunny Hill). Ymfudodd ef i America.

Rhys Jones, Bryn-glas.

Morgan Jones, Dalar-wen. Yr oedd ganddo ef bedwar o feibion, sef Morgan Jones, Troedrhiwryddwen, William Jones, Ystrad-ffin, Thomas Jones, Troed-rhiw-cymer, a John Jones, Monarch, Tregaron.

David Jones, Brithdir.

Thomas Jones, Hafdre,
ac un ferch

Mrs Rowlands, Gellillyndu, Llanio a ymbriododd ag un o fechgyn Rowland, Y Garth, Llanddewibrefi.

Gadawodd John Jones, Nant-llwyd ei nod ar fywyd mynyddoedd Tregaron drwy i'w blant fynd i fyw yno ac i ymgymryd â phrif ffermydd y mynydd.

Teulu Nant-rhwch

Dyma deulu arall sydd yn hanu o'r teulu diwethaf y buom yn sôn amdano, sef teulu Gwen a Rhys Davies, Pantyclwydau. Fe â hanes y teulu hwn eto â ni yn ôl i'r flwyddyn 1772. Fe briododd Gwen, merch y Pwllbo, Abergwesyn (a alwyd yn Gwen ar ôl ei modryb Gwen o'r Hafdre) ag un John Jones o sir Aberteifi. Ar ôl eu priodas aeth y ddau i fyw i Nant-rhwch, Cwm Tywi. 'Roedd John yn 34 mlwydd oed a Gwen yn 18 oed adeg eu priodas. Cawsant bymtheg o blant. Bu farw pump yn ifainc iawn. O'r deg plentyn arall a fagwyd 'roedd saith mab a thair merch. Bu John a Gwen yn briod am wyth ar hugain o flynyddoedd. Bu'r gŵr farw ym 1800 a hithau'r wraig ym 1819. Fe'u claddwyd ym mynwent Llanddewi Abergwesyn. Fe adnabyddid y teulu hwn yn ardaloedd y mynydd fel 'Cochiaid Cwm Tywi'. Mae'n debyg mai gwallt coch oedd gan y wraig, sef Gwen Nant-rhwch. Cyfrifid hi yn wraig ddeallus a darbodus dros ben.

Dyma ychydig fanylion am eu plant a'u teuluoedd:

Rees Jones. Cwmirfon. 'Roedd gan Rees Jones ddau fab, sef John Jones Trawsnant a Rhys Jones Dinas.

John Jones, a fu farw'n ifanc.

Morgan Jones, Nant Tyrnor, Tir-yr-abad. 'Roedd ganddo un mab — John.

Margaret Jones, Nant-llwyd. Bu iddi chwe mab ac un ferch. 'Roedd hi'n fam-gu i Rys Jones, y diwethaf a fu byw ym Mronrhelem.

Mary Jones, Tregaron.

Gwen Jones, Blaen-twrch.

Dafydd Jones, Trawsnant.

Evan Jones, Pwllbo. Mab a merch iddo oedd John Jones, Ty'n-pant a Mrs Davies Tŷ-mawr. 'Roedd Evan Jones, Ty'n-pant, Llanwrtyd, yr hanesydd craff, yn hanu o deulu'r Pwllbo.

William Jones, Nant-rhwch. 'Roedd ganddo yntau ddau fab.

Thomas Jones, Nantstalwyn. 'Roedd ganddo un mab, sef John Jones, Y.H., Nanstalwyn a Chil-pill, Llangeitho.

Bu i'r rhan fwyaf o'r plant uchod fyw yn hen, amryw ohonynt dros bedwar ugain oed.

Teulu Thomas Jones, Yr Hafdre a Bronrhelem. Y chweched plentyn i John Jones, Nant-llwyd oedd Thomas Jones a aeth i fyw i'r Hafdre. Wedi i dai'r Hafdre fynd yn rhy wael symudodd i fyw i Fronrhelem. Yr oedd gan Thomas Jones bedwar ar bymtheg o blant, un ar bymtheg wedi eu geni yn yr Hafdre, a'r tri arall ym Mronrhelem. Bu Thomas Jones yn briod ddwy waith; ei wraig gyntaf oedd Ann, merch y Llandre yn ardal Cwrtycadno; bu iddo naw o blant o'r wraig gyntaf, a deg o'r ail wraig — Magdalen, merch Nantneuadd y Mynydd.

Ymhlith y teulu lluosog hwn aeth tri o'r meibion yn offeiriaid yn Eglwys Lloegr. Aeth Saceus Jones i wasanaethu mewn eglwys yn swydd Lincoln a bu William Jones hefyd yn gwasanaethu yn Lloegr. Aeth Richard Jones allan i fod yn offeiriad i Colorado, yn America. Y tro diwethaf y daeth am dro i Fronrhelem, teithiodd yn ôl drwy Balesteina. Aeth ar goll yno, ac ni chlywodd neb air amdano oddi ar hynny. Ymbriododd Ann, un o'r merched o'r wraig gyntaf, ag un David Evans, a oedd yn enedigol o ardal Pen-uwch. Merch i'r ddau uchod oedd mam y Dr Martin Lloyd Jones, Llundain.

Crefydd y Cylch a'i Ddiwylliant

Y cyfeiriad cyntaf a welais at grefydd anghydffurfiol oedd yn y cyfnod terfysglyd yn yr ail ganrif ar bymtheg, pan oedd y brenin Iago II yn teyrnasu. Adeg ei deyrnasiad ef nid oedd ryddid i bobl ymgynnull i grefydda, a byddent felly yn chwilio am le dirgel i ddod ynghyd i addoli. Yr oedd yr ofn hwn i'w deimlo drwy'r wlad yn gyffredinol. Ceisiodd y brenin Iago hwyluso'r ffordd i gael pobl y wlad yn ôl i ddwylo'r Pab.

Un o'r lleoedd lle y deuai pobl ynghyd yn y parthau hyn oedd tŷ ffarm y Pyllbo (neu Pwllbo) a saif rhwng Llanwrtyd ac Abergwesyn ym mhlwyf Llanddewi Abergwesyn, ac nid ym mhlwyf Llanddewibrefi fel y dywedir mewn ambell i lyfr hanes. Pwy oedd y dynion da hyn a roddodd eu cartref yn rhydd i'r sawl a ddymunai addoli, nis gwyddom. Bu rhai o aelodau teulu Nant-rhwch yn byw yn y Pyllbo unwaith, ac wedi hynny bu'r ffarm yn eiddo i Mrs Morgan, Hafod-newydd, Pontrhydfendigaid, ond ers blynyddoedd bellach mae'r lle yn eiddo i'r Comisiwn Coedwigo, ac aeth y ffarm, a oedd bron yn ddau can erw, bron i gyd dan goed.

Ond daeth rhyddid yn ôl i bawb fynd i addoli yn gyhoeddus lle y mynnai pan laniodd Gwilym o Oren yn ynysoedd Prydain yn y flwyddyn 1688. Yn y flwyddyn ddilynol coronwyd Gwilym a'i briod yn frenin a brenhines Lloegr. Protestant oedd y ddau hyn, yn eiddgar a pharod i amddiffyn rhyddid crefyddol. Ym mis Mai 1699 pasiwyd Deddf Goddefiad (Act of Toleration), a phobl Prydain unwaith yn rhagor yn rhydd i addoli lle y dymunent. Gwelwyd yn fuan ar ôl hynny addoldai yn britho dyffrynnoedd a llechweddau Cymru.

Mae'r hanes nesaf yn fwy cyfarwydd i'r lliaws o bobl a gymer ddiddordeb yn ein twf fel cenedl — y cyfnod pryd y dechreuodd Ymneilltuaeth flodeuo. Dyma rai rhesymau am y cychwyn hwn.

Dyn tair ar hugain oed oedd y Parch. William Williams, Pantycelyn pan aeth yn gurad ar eglwysi Llanwrtyd a Llanddewi Abergwesyn yn y flwyddyn 1740. Arhosodd yn y gwaith yma am dair blynedd 1740-43. Yn ystod yr amser hwn cododd anghydfod rhyngddo ef a'r ficer — y Parch. Theophilus Evans, Llangamarch. Oherwydd yr anghydfod, cefnodd Williams ar yr Eglwys Wladol. Mae'n ddigon tebyg iddo ddechrau ymweld â theuluoedd Cwm Tywi a Chwm Camddwr tua'r adeg hon, a mynychu aelwydydd Dôl-goch, Cwm-du, Troedrhiwalog, Bronrhelem a Nant-llwyd a rhai eraill. Anodd dweud yn bendant pam y dechreuodd ymserchu yn y cartrefi hyn. Deuai drosodd yn weddol gyson o Abergwesyn i'r lleoedd hyn.

Canfyddir llawer o ddelweddau'r mynydd yn ei emynau, y mynydd fel yr oedd yr adeg y bu ef yn tramwyo drosto. Y pryd hwnnw ni cheid yr un sarn dros y nentydd, na'r un bont chwaith, a dyna paham y mae'n dweud 'Dysg im gerdded *drwy'r* afonydd'. Mae pethau wedi newid erbyn hyn, a cheir pont bellach dros afon Tywi yn ymyl Nantstalwyn. Gŵyr hefyd y sawl a fu'n cerdded y mynydd mor beryglus a dyrys oedd y llwybr a arweiniai o Fronrhelem i gyfeiriad y Fanog i ddyn a merlen, a gwelir hyn yn ei emyn 'Cul yw'r llwybr i mi gerdded' etc., hefyd 'Llwybrau culion dyrys anodd' etc. 'Roedd hefyd ddigon o fannau geirwon ar y mynyddoedd hyn i'w symbylu i ofyn am gymorth — 'Dal fi pan wy'n teithio'r mannau geirwon ar y ffordd y sydd' etc. ac 'roedd darlun o'r mynyddoedd hyn yn amlwg iawn yn ei emynau 'Dros y bryniau tywyll niwlog' a 'Cadw 'ngolwg ar y bryniau' etc. Buom yn ffodus fel cenedl i'r Pêr Ganiedydd deithio cymaint o'r unigeddau hyn, ac allan o'r teithio daeth i ni emynau sy'n falm ac yn hedd i eneidiau blin. Yn fwy na dim, diolch am ei brofiad mawr.

> Euogrwydd fel mynyddoedd byd
> Dry'n ganu wrth Dy Groes.

William Williams a Daniel Rowland

Gadawodd y ddau yr Eglwys Wladol bron yr un adeg, ac wynebu'r troad yng nghwmni ei gilydd fel efengylwyr heb ganddynt yr un trefniadau arbennig ar y pryd hwnnw. Yr oedd y

Parch. Howel Harris hefyd yn croesi'r mynydd wrth fynd a dod o sir Aberteifi drwy Dregaron.

Gwelwn felly i'r cyffro crefyddol ddod yn gynnar i dueddau Dyffryn Tywi a'r cyffiniau. Y tebyg yw fod pobl fel teulu Dôl-goch o duedd grefyddol — Mr a Mrs Dafydd Williams — hefyd y mab Nathaniel Williams, a aeth yn ddiweddarach i fyw i ffarm y Fynachlog-fawr, Pontrhydfendigaid. Yr oedd ef yn ŵr hynod o fwynaidd a bu yn gefnogol i grefydd ac yn ffrind a chymwynaswr hael. Bu y Parch. John Wesley yn aros o dan ei gronglwyd yn y Fynachlog-fawr, a cheir iddo fwy nag unwaith hebrwng y pregethwr, pan fyddai yn ymadael ar ei ferlen, mor bell â Thregaron.

Y cyfeiriad cyntaf a gawn at y Parch. Howel Harris yng Nghwm Tywi yw iddo letya yn Nhroedrhiwhalog ar ei ffordd o Dregaron ar yr ail ddydd o fis Mawrth 1739, a thrannoeth mynd yn ei flaen i Lanwrtyd. Bu hefyd yn galw a chysgu yn Nôl-goch ar Awst y 26ain, ac eto y mis dilynol, sef yr 22ain o fis Medi 1740. Bu'n cysgu eto yn Nôl-goch ar y 3ydd o fis Tachwedd, a mynd trannoeth ymlaen ar ei daith i Lanfair-ym-Muallt. Yn ôl hen draddodiad a geid yn ardal Cwm Tywi, 'roedd y noson honno yn un arw dros ben a bu raid iddo chwilio am lety.

Un noson drymaidd yn Nhachwedd
    A'r storom yn rhuo yn groch,
Fe dynnodd Harris a'i ferlen
    At olau ffenestri Dôl-goch.

Ac yno dan gysgod y fantell
    Yn gwrando ar ddolef y gwynt,
Diolchodd am groeso y teulu
    A'i gymryd i mewn ar ei hynt.

Bendithiodd yr aelwyd â gweddi,
    Cyflwynodd y teulu ynghyd
Yn dyner i ofal Gwaredwr
    Sy'n cynnal a threfnu'r holl fyd.

A thrannoeth drwy ganol yr eira
    Gadawodd cyn nemor o dro,
Ond hir yr erys y cofio
    Am gennad y Groes yn y fro.

Yr oedd erbyn hyn yn awyddus i fynd yn ei flaen a chyrraedd ei 'Ddinas Sanctaidd' yn Nhrefeca.

Mewn man arall dywedir i Harris bregethu yn nhŷ ffarm Rhiwhalog, a safai o fewn milltir i'r de o'r lle y saif Capel Soar.

Bu pregethu achlysurol yn y gwahanol ffermdai am saith mlynedd cyn i'r un seiad gael ei sefydlu. Pan ddaeth yr amser cyfaddas i sefydlu un, ar gais amryw o drigolion y cylch, daeth y Parch. William Williams atynt, a sefydlwyd un ar aelwyd Cwm-du, a safai ar dir yr Hafdre. Am flynyddoedd lawer ar ôl hyn cynhelid y seiad ym Mronrhelem. Clywn am y Parch Daniel Rowland yn dod i'r cyffiniau. Ym 1799 cafwyd diwygiad lled rymus, a pharhaodd ei ddylanwad am tua phedair blynedd. Ymhen 13 mlynedd cafwyd eto ddiwygiad crefyddol grymus arall. Hwn oedd diwygiad 1812, ac fe gyrhaeddodd ei benllanw ym 1819. Cynhaliwyd cyfarfod gwlithog iawn un nos ar aelwyd Nant-llwyd, a pharhaodd y diwygiad hwn am ddwy flynedd. Yna yr aeddfedodd y syniad o godi capel yn y cyffiniau. Er hynny, daliodd yr hen arferiad o gynnal oedfaon yn y gwahanol gartrefi ymlaen, yn arbennig yr ysgol sul.

Yn ystod y blynyddoedd hyn ceid bod llawer o weithgarwch yn mynd ymlaen. Yn ôl cofnodion Cyfarfod Misol y Methodistiaid, a'r Parch. Ebenezer Richard o Dregaron yn ysgrifennydd, cynhaliwyd cyfarfod yn yr Hafdre, Cwm Tywi, ar y 24ain a'r 25ain o fis Mehefin 1812, a dyma un o'r penderfyniadau a basiwyd yno — 'Nad oedd un pregethwr a berthynai i gylch y Cyfarfod Misol i fynd i bregethu y tu allan i'r sir heb yn gyntaf gael caniatâd y Cyfarfod Misol'.

Cawn hefyd, er mwyn hwylustod i drigolion Cwm Tywi, y cynhelid yr ysgol sul ym Mhantyclwydau bron hanner y ffordd o Nantstalwyn i'r Fanog, a cheir fod teuluoedd Nant-llwyd, Bronrhelem, Dôl-goch, Nantstalwyn, Nant-rhwch a'r Fanog yn mynychu hon. Daliwyd i gynnal ysgol sul ym Mhantyclwydau ymhell wedi codi capel Soar-y-mynydd. Yng nghyfnod y seiadau cynnar a gynhaliwyd yn y gymdogaeth ceir sôn am frodor o Gwm Tywi, a oedd yn berthynas agos i deulu Nant-rhwch y pryd hwnnw. Ei enw oedd Rhydderch Siôn Rhydderch, ac 'roedd ganddo hefyd gysylltiadau teuluol â rhai oedd yn byw yn Aberhonddu.

Capel Soar-y-mynydd

Bu llawer o siarad ac ymgynghori ymhlith teuluoedd y gymdogaeth ynglŷn â'r lle i adeiladu y capel arno, wedi i'r saint fod yn ymgynnull am yn agos i gan mlynedd yn y gwahanol gartrefi yn yr ardal. Pan gofir am gymaint diddordeb teuluoedd dyffryn Tywi mewn crefydd, mae'n rhyfedd na fyddent wedi mynd ati i godi capel yn eu cylch hwy. Ond nid felly y bu, ac 'roedd dwy ffactor yn cyfrif am ei godi yng Nghwm Camddwr. 'Roedd teulu Nant-llwyd yn fodlon rhoddi tir bron am ddim ar gyfer yr adeilad, ac hefyd dir i gau mynwent helaeth i mewn yn ffinio â'r capel. Rhoddwyd les ar y tir am 999 o flynyddoedd am hanner coron y flwyddyn. Un o'r rhai a lofnododd y les oedd y Parch. Ebenezer Richard, Tregaron. Tybiai John Jones, Nant-llwyd mai ef a fyddai un o'r rhai cyntaf a gleddid yn y fynwent newydd yn Soar. Ond nid felly y bu, am iddo ef farw cyn cwblhau y gwaith a'r cau i mewn oddi amgylch y capel a'r fynwent. Ceir bedd John Jones, a hefyd ei briod, ym mynwent Eglwys Tregaron bron yn ymyl llidiart y fynwent. Flynyddoedd yn ôl dywedodd un o frodorion y mynydd wrthyf y byddai popeth yn bur wahanol pe bai Mr a Mrs Jones wedi eu claddu ym mynwent Soar-y-mynydd, ac na fyddai teuluoedd eraill mor chwannog i fynd â'u hanwyliaid i orwedd i'r hen fynwentydd lle yr oedd cysylltiadau, yn hytrach na chladdu yn eu cynefin yn Soar.

Capel Soar-y-mynydd.

Capel Soar-y-mynydd.

Saif capel Soar-y-mynydd mewn lle dymunol, ac mae'r tir o amgylch yn wastad. Er nad oes ffordd gyhoeddus dda o gyfeiriad Llanddewibrefi, eto o'r cyfeiriad hwn o'r wlad neu'r mynydd y daeth rhan helaeth o gefnogaeth i'r ymdrech.

Adeiladwyd y capel ym mhlwyf Llanddewibrefi, y plwyf mwyaf ei arwynebedd yn sir Aberteifi, ychydig dros wyth mil ar hugain o gyfeiriau. Mae'r ffordd o Dregaron i Soar-y-mynydd yn ddeg milltir, a'r un pellter o bentre Llanddewibrefi. Bu yno unwaith gynulleidfa yn byw o fewn ugain milltir i'w gilydd, o Moelprysge (i gyfeiriad Rhaeadr Gwy) hyd gylchoedd pellaf Cwm-Pysgotwr.

Codwyd y capel ym mlynyddoedd 1821-22 — chwe blynedd ynghynt na'r dyddiad a geir mewn rhai cofnodion. Y tebyg yw mai un o'r prif rai i hyrwyddo'r fenter o godi'r capel oedd y Parch. Ebenezer Richard a oedd ar y pryd yn weinidog Capel M.C. Bwlch-gwynt, Tregaron. Heblaw ei fod yn bregethwr cymeradwy, yr oedd hefyd yn ŵr busnes profiadol, ac efe, yn ôl pob tebyg, a gynlluniodd yr adeiladau.

Antur fawr fu codi capel mewn man mor anghyfleus, a'r boblogaeth mor denau. Cariwyd y cerrig i godi'r muriau gan ffermwyr y cylch. Aeth cerrig hen dai y Brithdir a Rhiwhalog i godi'r muriau a defnyddid cyfran dda o gerrig o wely'r afonydd

71

Camddwr a Thywi. Ffermwyr y cylch hefyd a fyddai'n lletya'r crefftwyr a'u bwydo, ynghyd â thalu eu cyflog. Adeiladwyd y capel, y tŷ capel a thai allan helaeth ddeugain mlynedd a rhagor cyn i'r rheilffordd gael ei hagor i Dregaron. Felly, yn ôl arferiad y cyfnod hwnnw, bu raid cludo'r coed a llechi'r to o borthladd Aberaeron. Adroddir y byddai tua chwech o ffermwyr yn mynd i nôl nwyddau i Aberaeron, pob un â chambo neu gert, gyda dwy gaseg. 'Roedd y daith rywle tua chwe milltir ar hugain, un fformdd. Byddai'r ffermwyr yn trefnu ymlaen llaw i gyfarfod yn ymyl Ffrwdargamddwr am chwech o'r gloch y bore. Rhaid fod y dynion a'r cesyg bach yn ddigon blinedig erbyn cyrraedd yn ôl yn hwyr y dydd, a chofio am yr holl 'ben rhiw' o Dregaron i Soar-y-mynydd.

Wrth edrych ar yr adeiladau yn Soar-y-mynydd canfyddwn y cynllun celfydd yma, y capel yn ddigon helaeth i ryw chwe-ugain o bobl eistedd yno yn gysurus, yna tŷ-capel lled helaeth a llofft uwch ei ben, lle y bu ysgol ddyddiol yn cael ei chynnal yn ysbeidiol ar un adeg. Ryw dro wrth basio heibio i'r addoliad canodd Cerngoch y bardd fel hyn —

Ar lannau afon Camddwr
Mae teml i'm Hiachawdwr.
Pwy bynnag ddaw, a thros fath dir,
  Rydd brawf o wir addolwr.

Ceir digon o brofion i'r capel hwn fod yn ganolfan i lawer o weith-gareddau yn ymwneud â chrefydd a diwylliant dros gant o flynyddoedd. Ceid yno ysgol sul flodeuog, a dywedai Daniel Davies, Y Ton, Rhondda (y llenor a fagwyd yn Nhregaron) mewn erthygl, 'Yr oedd yr Ysgol Sul yn un urddasol iawn, nid oedd neb yn ystyried ei hun yn rhy anrhydeddus i adrodd y pwnc. Yr ydym yn cofio fel y byddai Mrs Jones y Fanog yn ei hwylio hi yno. Mr John Jones, Nant-llwyd oedd blaenor amlycaf Soar ar ôl Nathaniel Williams, ac efe a fyddai'n ateb orau yn y Gymanfa bwnc. Ystyriai pobl dda Capel Soar hi'n fraint i dderbyn Cymanfa Bwnc dosbarth Tregaron yn ei thro. Byddent yn darparu yn helaeth ar gyfer y rhai a ddeuai ynghyd yno, bwyd i bawb hanner dydd, a thê eto ar ôl cyfarfod y prynhawn. Ceid dau frêc o'r Talbot Tregaron yn dod i fyny yn llawn o bobl i gymryd rhan mewn holi ac ateb ar y dydd mawr hwn.'

Cynulliad dydd Cwrdd Diolchgarwch yn Soar-y-mynydd.

Heblaw pregethu cyson ar y Sul, trefnid cyfarfodydd pregethu blynyddol yno. Y prif ysgogydd i'r cyrddau hyn fyddai Mrs Jones, Y Fanog, a hi fyddai'n gohebu gyda'r pregethwyr gwâdd a ddeuai yno. 'Roedd yn ofalus, a hefyd yn llwyddiannus i gael pregethwyr enwog i'r cyfarfodydd hyn. Fe'u cynhelid yn fuan ar ôl y cneifio, a dyma'r cyfnod mwyaf hyfryd o ddigon i fwynhau yr awelon iach yno. Pan feddyliwn, 'roedd capel Soar megis hanner ffordd rhwng de a gogledd, ac yr un mor gyfleus i bregethwyr ddod o'r gogledd ag o'r de. Yn ddiddadl bu'r croeso hael a'r lletygarwch diddiwedd a geid ar aelwydydd Y Fanog a Nantstalwyn a ffermdai eraill yn atyniad i gael rhai 'Hoelion Wyth' i wasanaethu yn y gwyliau pregethu hyn yn Soar-y-mynydd. Bu farw Mrs Jones Y Fanog yn y flwyddyn 1881 yn 77 mlwydd oed, a gadawodd olynydd teilwng yno, sef ei merch. 'Roedd gan y ddwy ddawn i fod yn serchog a charedig. Darllenais unwaith gân a gyfansoddwyd i gartre'r Fanog. Nis gwn pwy a'i hysgrifennodd. Mae'r gân yn gorffen fel hyn:—

Y dieithr yma, mae'n ddinesydd rhydd,
A chroeso'r Fanog yn ddihareb sydd.

73

Pobl Cwm Tywi ar eu ffordd adref o'r gwasanaeth yn Soar-y-mynydd.
Yma maent yn croesi'r rhyd yn Afon Camddwr.

Bu'r Parch. Edward Mathews yn pregethu yng nghapel Soar ragor nag unwaith, a byddai, mae'n debyg, yn ei hwyliau mawr yno. 'Roedd yn pregethu yno yn y flwyddyn 1866. Ysgrifennodd hanes maith yn rhoi'r manylion, ac yn arbennig disgrifiad o'i arhosiad yn Y Fanog.

Bu y Parch. David Lloyd Jones, M.A., Llandinam, a oedd yn bregethwr mawr, yn gwasanaethu yma hefyd yn un o'r cyfarfodydd pregethu. Mae llythyr ar gael o'i eiddo a ysgrifennodd at gyfaill, a dywed iddo aros yn Nantstalwyn dros yr ŵyl. Bu gwas Nantstalwyn yn ei hebrwng yn ôl i Raeadr Gwy ar gefn merlen. Yr oedd yn marchogaeth, meddai ef, i'r un cyfeiriad am chwe milltir heb fynd o dir Nantstalwyn.

Do, fe gafodd pregethu le amlwg ymhlith aelodau Capel Soar. Diddorol oedd cael edrych dros lyfr cyfrifon trysorydd y capel o 1881 hyd 1920. Ymhlith amryw o fanylion ceir ynddo enwau y

74

Capel Soar-y-mynydd.

gwahanol weinidogion a lleygwyr a fu'n gwasanaethu yno ar y
Suliau, ynghyd â'r swm a delid iddynt am eu gwasanaeth. Ceir
enwau fel y Parchn Thomas Phillips Llanymddyfri, David Lloyd
Jones Llandinam, y Dr D. M. Phillips Tylorstown a W. J. Evans a
oedd â chysylltiad teuluol â'i aidal. Ymfudodd ef i America, ac efe
oedd awdur y gyfrol *Ar Gyfandir a Chyfanfor.* Câi pregethwyr
ifainc alwadau'n aml i dreulio Sul yng nghymdogaeth Soar, yn
arbennig efrydwyr o Goleg Diwinyddol Aberystwyth, i bregethu i
Soar a'r gwahanol gartrefi yn y gymdogaeth. Rhamantodd aml un
ohonynt wrth roi hanes y daith ar brynhawn Sadwrn yn
marchogaeth merlen am y tro cyntaf o orsaf rheilffordd Tregaron
i'r Fanog — taith oddeutu deuddeg milltir. Un tro, collodd un
efrydydd ei ffordd wrth fynd ar brynhawn Sadwrn o orsaf
Llanwrtyd i bregethu drannoeth yn Soar. Yr oedd i fod i letya yn Y
Fanog dros y penwythnos. Wedi gadael pentre Abergwesyn
collodd ei gyfeiriad a cherddodd i fyny tua'r dwyrain. Yn hwyr,
aeth si ar led ei fod ar goll, ond daeth David Edwards, Nantstal-
wyn o hyd iddo a threfnwyd iddo aros yno dros y nos.

Fel y gellid disgwyl, ni fu eglwys Soar-y-mynydd dan ofal

gweinidog sefydlog amser llawn. Er hynny daeth dyn ifanc yno o'r enw John Jones o Ysbyty Ystwyth i gadw ysgol ddyddiol ac i fod yn fath o fugail ar yr eglwys yn ogystal. Yr oedd John Jones yn ŵr ifanc talentog, a'i fwriad oedd cael rhagor o addysg a dod yn weinidog amser llawn. Ond bu ef farw'n ifanc, er mawr golled i Soar a chylchoedd crefyddol eraill.

Codwyd dau bregethwr yn eglwys Soar. Y cyntaf oedd Nathaniel Jones, mab Bronrhelem. 'Roedd yn flaenor yn Soar cyn penderfynu mynd i'r Weinidogaeth. Ymbriododd â merch y Geuffos, Pen-sarn; aeth i fyw i gartre'r wraig a bylchwyd yr eglwys yn Soar yn fawr trwy ei ymadawiad â'r ardal. Un o blant Soar hefyd oedd y Parch. W. J. Williams Hirwaun (1840-1912). Un o deulu Cwm Pysgotwr oedd ef. Mae'n wir ei fod wedi symud i Hirwaun cyn iddo ddechrau pregethu. Cyfrifid ef yn un o bregethwyr gorau dechrau'r ganrif. Ceir bedd ei dad ym mynwent Soar.

Pan agorwyd Capel Soar gofalwyd fod y trefniadau yn cael eu gwneud yn ôl dull eglwysi a chapeli ar hyd y wlad yn gyffredinol. Byddai pob teulu yn rhentu sedd iddynt eu hunain (neu fel y gelwid y sedd, 'côr') a thalai pob teulu y rhent am ei sedd ar ddiwedd y flwyddyn. Mae rhai o hyd yn cofio ble 'roedd sedd y gwahanol deuluoedd, fel Moelprysge, Brynambor, Y Dinas, etc. Byddai'r gwahanol deuluoedd yn 'cadw'r mis' yn eu tro.

Ni fu angen lampau i oleuo'r capel, am na chynhelid oedfa nos Sul ar hyd y gaeaf.

Clywsom lawer o sôn o bryd i'w gilydd am drigolion y mynydd yn mynd i'r gwasanaeth yn Soar ar gefn eu merlod a thynnwyd eu lluniau lawer tro, a'r merlod mae'n debyg cyn bwysiced â'r saint. Mae gennyf yn fy meddiant lun o tua dwsin o bobl ar gefnau eu merlod ar y mynydd yn mynd adre oddi yno wedi oedfa gŵyl ddiolchgarwch a gynhelid ar brynhawn dydd gwaith.

Cofiaf yn dda am sgwrs a gefais unwaith â gŵr a fu mewn gwasanaeth ar ffarm Nantstalwyn am flynyddoedd. Byddai hwn ac aml un arall yn wahanol i'r mwyafrif; cerdded y byddent hwy i'r gwasanaeth ar y Sul i Soar. Byddai ambell un fel yntau wedi cerdded pum milltir i'r gwasanaeth yno ar fore Sul. Yr oedd y bobl hyn am dreulio'r Sul yn wahanol i'r chwe diwrnod arall, meddai ef, yn edrych ymlaen at fynd i'r oedfa heb gydio yn awenau yr un ferlen.

Yr addolwr ar ei ffordd i gapel Soar-y-mynydd.

Llun diweddar (1973) o gapel Soar-y-mynydd, adeg y Cyrddau Mawr.

Pregethid hefyd yn y gwahanol gartrefi yng nghylch Soar-y-mynydd ambell dro, yn y tai ffermydd fel Y Fanog, a Bryn-glas i gyfeiriad Llanddewibrefi. Bu Samuel Davies Bryn-glas a'i deulu yn gefn i achos Capel Soar ar hyd yr amser. Byddai cynulliad da yn dod ynghyd i Fryn-glas ar y Sul. Un Sul yn haf 1941 bu'r Parch. William Evans (Wil Ifan) yn aros ac yn pregethu yno. Mewn ysgrif fe rydd hanes amdano'i hun y bore Sul hwn yn ceisio tynnu llun y mynydd â'i gamera, a dywedai yn ei ffordd ei hun mor anodd oedd cael llun boddhaol o'r lle am fod y cymylau mor aflonydd.

Nid anghofiwyd Capel Soar-y-mynydd adeg diwygiad crefyddol 1859. Trefnwyd i'r diwygiwr y Parch. Dafydd Morgan Ysbyty Ystwyth ddod i ymweld â'r capel am un ar ddeg o'r gloch ar ddydd arbennig yn yr wythnos. Yr oedd y capel yn weddol lawn y bore hwnnw, ond bu raid iddynt gynnal oedfa eu hunain yno heb y diwygiwr. Ar ôl cyfarfod gweddi pur siomedig a phawb yn paratoi am fynd adre, fe gyrhaeddodd y Parch. Dafydd Morgan, ac fe aeth pawb yn ôl i'r capel i gynnal oedfa weddi arall. Ar y dechrau eglurodd y pregethwr nad oedd fai ar y poni fach a'i cariai ei fod yn hwyr yn cyrraedd; gwyddai hi ei chyfeiriad cystal â defaid bach y mynydd, ond yr oedd wedi cyfarfod â thri bugail, meddai, ar y ffordd, a bu'n cynnal cyfarfod gweddi iddynt yn y man a'r lle. Un a oedd yn y cyfarfod gweddi yn Soar y bore hwnnw oedd Ann Davies, Bryn-glas. (Yr oedd hi yn fam-gu i Samuel Davies, y diwethaf o'r teulu i fyw yno'. Dywedir mai'r oedfa hon oedd un o rai mawr y diwygiwr. Tebyg fod awyrgylch y mynydd y bore hwnnw gyda'i lonyddwch a'r golygfeydd ysblennydd wedi effeithio'n fawr ar ysbryd Dafydd Morgan pan oedd ar ei daith i Soar.

Yn ôl yr hyn a ddywedai Samuel Davies Bryn-glas, ni chynhaliwyd cyfarfod gweddi yn Soar adeg diwygiad crefyddol Evan Roberts 1904-05, ond fe adroddai amdano ef yn ddyn ifanc y pryd hwnnw yn cerdded gyda chwmni i gapel Cwrtycadno. Eu harweinydd oedd Shaci Ffransis, y teiliwr o Landdewibrefi. 'Roedd talentau disglair i'w cael yn ardaloedd Rhandirmwyn a Chwrtycadno y pryd hwnnw, meddai Sam Davies, amryw ohonynt yn ddynion a ddaeth o Gernyw i weithio i waith plwm Rhydtalog yn ôl yn niwedd y ganrif ddiwethaf, ac wedi aros ac ymsefydlu yn yr ardaloedd hyn. 'Roeddynt yn gynnes eu hysbryd, yn oleuedig yn y

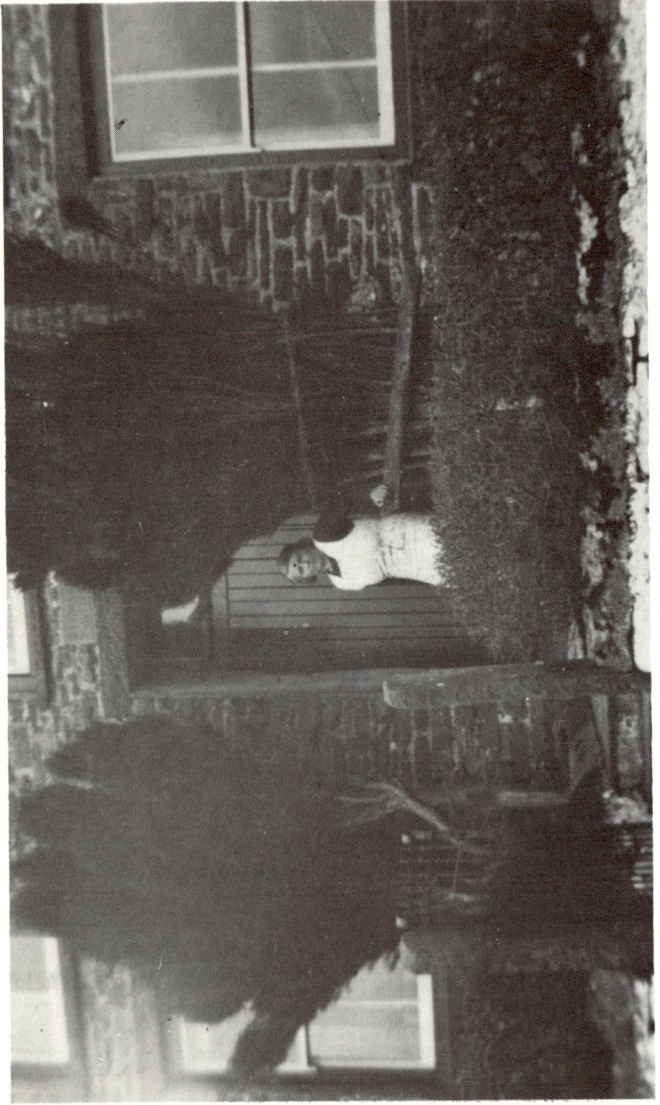

Ffermdy Bryn-glas, ar fynydd Llanddewibrefi.

Beibl, ac yn ddawnus fel gweddïwyr, ond yn nhyb Samuel Davies rhagorai Shaci Ffransis arnynt fel gweddïwr.

Bratiog iawn yw'r rhestr o flaenoriaid a fu yn gwasanaethu yn Soar. Bu aml un o deulu lluosog Bronrhelem yn flaenoriaid yno, un ohonynt oedd Nathaniel Jones a aeth yn ddiweddarach yn bregethwr amser llawn. Hefyd bu John Jones, Nant-llwyd, a rhai o'i blant yn ddiweddarach, a rhai o deulu Bryn-glas, Dôl-goch, Nantstalwyn a'r Fanog yn flaenoriaid. Bu Saceus Williams Brynambor, hefyd, yn flaenor ffyddlon yno am dros hanner can mlynedd. Darllenwn fod Thomas Jones, Maesybetws, yn flaenor yn Soar am gyfnod. Dyn dŵad i'r mynydd oedd Thomas Jones. Yr oedd ef yn fab i Mary Jones Pen-cefn, Berth, y wraig weddw honno a agorodd ei chartref i gynnal ysgol sul yno yn y flwyddyn 1809. Dyma'r ysgol sul gyntaf a gynhaliwyd yn ardaloedd Tregaron. Yn y flwyddyn ddilynol, sef 1810, ymwelodd y Parch. Thomas Charles ei hun â Phen-cefn, a'r pryd hwnnw fe sefydlodd ragor o ysgolion sul yn yr ardal. Aelodau ysgol sul Pen-cefn a fu'n symbyliad i sefydlu Eglwys M.C. Berth gerllaw yn y flwyddyn 1841.

Saceus Williams, Brynambor (m. 1929). Bu'n flaenor yn Soar-y-mynydd am hanner can mlynedd.

Tŷ Brynambor ar fynydd Llanddewibrefi — yr hen a'r newydd.

Cyfrifid aelodau Capel Soar yn rhai pur ddiwylliedig. Dyna paham y cynhelid yno ysgol gân bob gaeaf a gwanwyn am lawer o flynyddoedd. Yn un o'r hen lyfrau cyfrifon a berthynai i'r Capel gwelais nodiad fod pum punt wedi eu talu i of Cwrtycadno am gynnal ysgol gân yno am un tymor.

Un arall a fu wrth yr un gwaith yno oedd David Edwards ('Deryn Du') a aned yn Llanddewibrefi ym 1845. Byddai ef hefyd yn cynnal dosbarthiadau yn Llanfair Clydogau, Bwlch-llan a Llangeitho. Symudodd David Edwards i fyw i'r Maerdy a bu yn weithgar yno hefyd gyda chaniadaeth y cysegr. Cyn diwedd ei oes dychwelodd i'w hen fro a bu farw yn y flwyddyn 1910. Hefyd bu John Price o'r Beulah yn cadw ysgol gân yno am sawl tymor. 'Roedd ganddo ffordd bell i ddod i gapel Soar. Os byddai'r tywydd yn arw ambell nos, arhosai yn y tŷ capel hyd y bore. Saer coed oedd John Price, a bu'n gweithio ar stad Llwynmadog, ond yn ystod blynyddoedd olaf ei oes, postman oedd. Daeth ef yn adnabyddus

82

fel cerddor, a cheir rhagor nag un o'i ranganau wedi ymddangos yn y *Cerddor*. Byddai hefyd alwadau mynych arno i fod yn feirniad canu mewn eisteddfodau, bach a mawr.

Tystiai'r pregethwyr a ddeuai i wasanaethu i gapel Soar ar y Sul fod y canu yno yn ddeallus a soniarus, a'r tonau yn cael eu taro yn eu cyweirnod priodol. Un o'r dynion diwethaf a fu'n godwr canu yno oedd Rhys Jones Bronrhelem.

Bronrhelem, Soar-y-mynydd. Gwelir yn y llun Mr Rhys Jones a'i ferch.

Eisteddfodau ac Ysgolion

Fe gynhaliwyd rhagor nag un eisteddfod (flynyddol) yno a hynny ym mis Mehefin pan fyddai'r dydd yn hir. Os gellid, fe'i cynhelid ar y lawnt tu allan i'r Capel. Digwyddais weld rhaglen yr eisteddfod a gynhaliwyd yno yn y flwyddyn 1927. Yr oedd rhestr y testunau yn un faith o ganu ac adrodd, a hefyd llenyddiaeth a barddoniaeth. Fel y gellid disgwyl, ceid yno gystadlu am y pastwn bugail gorau, a ffon ddraenen ddu, a chebyst wedi ei blethu o rawn ceffyl. Yn un o'r eisteddfodau cynigiwyd gwobr am gân i gapel Soar-y-mynydd. Fe welir y gân fuddugol honno yn y bennod 'Beirdd Gwlad'.

Magwyd aml i deulu lluosog yn y cartrefi a geid o amgylch capel Soar-y-mynydd o dro i dro, a chynhelid ysgolion yn ysbeidiol yn yr ardal. Sonnir am un o ysgolion Griffith Jones, Llanddowror yn cael ei chynnal ar aelwydydd Doethie-fach a Brynambor rhwng y blynyddoedd 1731-1761. Cynhelid hefyd ysgol ddyddiol yn ardal fynyddig Llanddewibrefi tua chanol y ganrif ddiwethaf. Yn ystod misoedd y gaeaf y cynhelid y rhain, bob yn ail yn ffermydd Brynambor, Nantgwarnog a Bryn-glas. 'Roedd pob teulu o'r tri chartref yma yn gyfrifol am roi lle i'r ysgol ac i dalu'r ysgol-feistr. Cofia rhai o hyd yn y gymdogaeth am un ysgol-feistr a fu yno, sef Jerry Jones, un a bregethai hefyd yn achlysurol gyda'r Bedyddwyr. Yr oedd yn hoff o farddoniaeth a chanodd aml i gân ac iddi naws lleol.

Cynhaliwyd ysgol ddyddiol yng nghapel Soar ar wahanol gyfnodau, pan fyddai aml blant yn yr ardal mewn oedran mynd i ysgolia. Soniais yn barod am y Parch. John Jones Ysbyty Ystwyth, yn dysgu yno. Un arall a fu'n dysgu yno oedd David Evans Pen-uwch. Ymbriododd ag Ann Jones, merch Thomas Jones Bronrhelem.

Bu un o bregethwyr enwog y Cyfundeb Methodistaidd yn cadw ysgol hefyd yng nghapel Soar am beth amser, sef y Parch. William Prydderch. 'Roedd hyn cyn iddo symud i Gaio, sir Gaerfyrddin, lle y dechreuodd bregethu. Y diwethaf a fu'n cadw ysgol yno oedd gŵr o Dal-sarn, sir Aberteifi. Yr oedd ef yno yn y blynyddoedd 1946-47, adeg lluwch enbyd Ionawr 1947, a bu'n gaeth yno am fod trafnidiaeth yn amhosibl am wythnosau lawer, ond bu teulu Nant-llwyd ac eraill yn dda iddo yr amser hwnnw.

Wrth orffen y bennod hon, a gweld golwg ddiflas a llwydaidd ar grefydd gyfundrefnol yn y cylchoedd hyn, dewisaf ddyfynnu yr hyn a ddywedodd y diweddar Barch. J. Melville Jones Tregaron unwaith wrth fyfyrio yn ymyl capel Soar-y-mynydd. "Cewch yma," meddai, "ymgolli yn hedd digyffro'r mynyddoedd ac yfed o rin yr awelon iach, ac odid na ddaw arnoch awydd ymgrymu ac addoli, oblegid fe saif y capel bach i'ch atgofio o ryw sylweddau sy'n fwy oesol na'r bryniau, ac yn fwy arhosol na'r mynyddoedd cedyrn."

Mynwent Capel Soar

Gwyddom i gyd mai mud yw pob mynwent ac wrth oedi un tro yn ymyl mynwent Soar, teimlad o synnu a myfyrio tawel a ddaeth trosof. Hawdd canfod fod llawer o drefnu wedi bod rywbryd ar gyfer claddu'r meirw yno. Caewyd darn helaeth o dir i mewn o flaen y capel, fel y byddai digon o le i bawb o bobl y mynydd i gael eu claddu yno.

Tybed faint o drafod ac ailfeddwl a fu rhwng y gwahanol deuluoedd, a methu dygymod efallai â'r syniad y byddai raid iddynt, o gael eu claddu yn y fynwent ddiarffordd hon, orwedd heb gâr na chyfaill yn agos iddynt a rhai aelodau o'u teulu wedi'u claddu rywle arall. I mi, fel llawer un arall, trist yw gweld yr erw gysegredig hon wedi mynd bron yn un â'r mynydd ac â'r gwylltineb maith unwaith eto. Tuag ugain o bobl a gladdwyd yno, ynghyd â rhai plant newydd-anedig. Pwrcaswyd elor newydd i fod o wasanaeth i angladdau, ond ni fu fawr o alw amdani. Mae'r elor yn gorwedd yn segur ers blynyddoedd yn nenfwd y capel. Tair carreg fedd yn unig a ganfûm yno, ac yr oedd un o'r rheini wedi torri'n ddwy. Anodd, erbyn hyn, hefyd yw darllen yr hyn a gerfiwyd arnynt, am fod y tywydd wedi andwyo'r crefftwaith a fu arnynt. Ar un o'r cerrig ceir y cwpled:—

Arafwch, mae'n daith ryfedd,
Symud o'r bywyd i'r bedd.

Ar garreg fedd arall ceir yr englyn a ganlyn, ond methais â darllen enw'r sawl sy'n gorwedd yno.

O wamal cynnal mewn co, — heb wyrni
 Bod barn yn prysuro,
 Cymer rhag trymder un tro
 O dŷ'r bedd dy rybuddio.

Nis gŵyr neb erbyn hyn pwy a ysgrifennodd yr englyn hwn. Ni phlannwyd yno chwaith yr un ywen i dynnu ein sylw fod yno unwaith 'lannerch i'r meirw'. Dal ati a wnaeth yr hen deuluoedd i gludo eu hanwyliaid i'r mynwentydd lle gorweddai eu cyndeidiau a chysylltiadau teuluol eraill. Un enghraifft o berson a ddymunai gael mynd yn ôl i'w gladdu gyda'r hen deulu oedd un Nathaniel Jones, a fagwyd yn y Dinas, Cwm Doethie, a fu'n ddiweddarach yn byw ym Mryn Caregog, Llanddewibrefi. Ar ôl i Dafydd Jones y mab briodi, aeth Nathaniel i fyw i Frongilient, Abergwesyn, a daeth Dafydd yn brif fugail ar ddefaid y Fanog. Ar ddiwedd ei oes dymuniad Nathaniel Jones oedd cael ei gladdu ym mynwent Llanddewibrefi lle gorweddai ei rieni. Cafodd ei ddymuniad. Bu farw ar y 14eg o Chwefror 1910. Trefnwyd llogi hers oddi wrth berchnogion gwesty'r Talbot, Tregaron, (un a dynnid gan bâr o geffylau'n ddwbl). Daeth yr hers dros y mynydd y noson gynt ac arhosodd John Williams y gyrrwr yn nhafarn Y Grouse. Yr oedd y daith yn ddeugain milltir y ddwy ffordd. Gallesid adrodd am lawer angladd cyffelyb ar hyd y blynyddoedd, am bobl ardaloedd Tregaron yn cael eu dwyn yn ôl i orffwys i bridd eu henfro, llawer ohonynt wedi bod yn fasnachwyr llwyddiannus mewn dinasoedd fel Llundain. 'Pridd eu bro yw eu gobennydd'. Tybed a welwn eto dro ar fyd ac y bydd rhywrai, rywbryd, am gael eu claddu ym mynwent Soar-y-mynydd allan o gyffro'r byd.

Capel y Bedyddwyr, Pantycelyn

Mae'r capel hwn yn haeddu cael sylw am fod cysylltiadau rhyngddo a chymdogaeth Cwm Tywi, ac mae i'r achos hwn hanes maith a diddorol.

Saif capel Pantycelyn mewn man digon unig, ar ochr chwith y ffordd sy'n arwain o Abergwesyn i bentref Beulah, tua thair milltir o Abergwesyn. Dechreuwyd yr achos yno o gylch y flwyddyn 1733.

Y prif ysgogydd oedd Howell Meredith, a ddaeth i fyw i ffarm y Trallwn ym mhlwyf Abergwesyn o Lanafan, Brycheiniog. Ffarmwr oedd Howell Meredith, a bu i'r *pitchmark* H a ddefnyddiai i nabod ei ddefaid yn y Trallwn gael ei ddefnyddio hyd y flwyddyn 1967.

Cofiaf un hanesyn arbennig am yr eglwys hon pan oedd y Parch. J. P. Williams yn weinidog yno. Trefnodd ef i gael gwasanaeth bedydd yn afon Tywi, ac yna gyfarfod pregethu i ddilyn. Mewn man a elwid 'Pwll yr Olchfa' heb fod ymhell o dŷ byw Nantstalwyn y bu'r seremoni fedyddio ar ddydd Sul ym mis Mehefin 1833. Cawsai'r pwll bedyddio ei enw cyn hynny am mai yn y pwll hwn y golchid defaid sawl ffarm yn yr ardal am flynyddoedd lawer. Ni wyddys yn iawn pam y dewiswyd dod gymaint o filltiroedd dros y ffordd i afon Tywi, ac afon Irfon ac afonydd llai i'w cael yng nghymdogaeth capel Pantycelyn ei hun. Un esboniad a roddid am y dewis oedd fod y man yn afon Tywi yn ganolog i bobl eglwysi Cwm Elan ac Ystrad-ffin, a hefyd i Fedyddwyr eglwysi Rhyd-fendigaid a Swyddffynnon a rhai o Dregaron (canys sefydlwyd achos yn yr Argoed, ger Tregaron yn y flwyddyn 1718, ond ni wyddom i sicrwydd pryd y peidiwyd ag ymgynnull yno). Yr oedd dros bum cant wedi dod ynghyd i ymyl Pwll-yr-Olchfa y prynhawn haf hwnnw yng ngofal y Parchn J. Jarman, Newbridge a Robert Roberts, Rhydfendigaid a Swyddffynnon. Ymhlith y rhai a fedyddiwyd yr oedd Mrs Jones Nantstalwyn (Miss Prothero cyn priodi). 'Roedd hi yn fam i John Jones, Y.H., Nantstalwyn a Chilpill, Llangeitho. Er i Mrs Jones gael ei bedyddio yno, cawn fod y teulu hwn yn golofnau cadarn i'r achos Methodistaidd yng nghymdogaeth Soar-y-mynydd. Un arall a fedyddiwyd yno y prynhawn hwnnw oedd un o hen fugeiliaid yr ardal, hefyd dwy forwyn Nantstalwyn, Hannah a Mary. Ar ôl y seremoni y prynhawn hwnnw lluniodd rhywun y penillion ysgafn hyn i gofio'r amgylchiad:

> Un dydd ym mlaen Cwm Tywi
> 'Roedd dwndwr mawr a stŵr,
> Pan oedd y bugail Richard
> Yn rhondyn yn y dŵr.
> Daeth Roberts o Swyddffynnon

A Jarman yn ei rym
Gan feddwl wrth ei olchi
Y deuai ef yn wyn.
Er glaned dyfroedd Tywi
A maint ei dyfnder hi,
Ni olchodd fwy o'i feiau
Na olchai 'mhoeri i.

Yn fuan wedi hyn symudodd y Parch. J. P. Williams i fod yn weinidog ym Mlaen-waun, Sir Benfro. Yr uchod yw'r unig hanes am fedyddio ym mhen uchaf Cwm Tywi y deuthum ar ei draws.

Ceir hanes am amryw o fedyddiadau yn yr afonydd yn nes i gapel Pantycelyn. Y Parch. S. Thomas oedd yn fugail yno pan fedyddiwyd pedwar ar ddeg o bobl yn yr un oedfa yn afon Carn-wrach a lifa led cae o'r Capel. Y dydd hwnnw 'roedd llif trwm yn yr afon, ac ni fu raid ei chronni. Digwyddodd hyn adeg diwygiad 1904-05. Dro arall bedyddiwyd nifer fawr gan y Parch. Morgan Jones, un a fagwyd yn ardal Beulah. Bu'r bedydd tua milltir a hanner o'r Capel yn ymyl ffarm Blaen-cwm. 'Roedd y tywydd, meddid, y bore Sul hwnnw, yn braf ar ôl peth rhew y noson gynt, ond mae'n bosibl fod y dŵr braidd yn oer.

Bu amryw yn gwasanaethu ar eglwys Pantycelyn dros y blynyddoedd. I mi, fel 'un o ddeiliaid sir Aberteifi, diddorol oedd gweld enw y Parch. Evan Edwards — un o blant canol ein sir — fel un a fu'n weinidog yno am saith mlynedd. Cafodd ef ei ordeinio yn y flwyddyn 1907, a dychwelodd yn ôl i fod yn weinidog ar eglwys y Bedyddwyr yn Llanrhystud. Deallwn iddo fod yn ŵr prysur yn ystod ei arhosiad yn sir Frycheiniog; bu'n gadeirydd y Cyngor Plwyf, yn rheolwr ysgolion Abergwesyn a Beulah, yn ysgrifennydd Undeb yr Eglwysi'Rhyddion yng Nghantref Buallt, ac yn gasglwr trethi plwyf Llanbadarn Trefeglwys. Cofiaf am un o drigolion ardal Bethania, Llan-non yn adrodd wrthyf hanes symud y Parch. Evan Edwards i Bantycelyn. Ceirt bychain a chesyg heb fod o faint mawr a gariodd ei ychydig gelfi i'w gartref newydd ym Mrycheiniog. Cychwynnent gyda'r dydd a chymryd y ffordd drwy Dregaron a chyrraedd Pantycelyn tua hanner dydd. Deuent yn ôl eto yr un dydd, ac nid oedd dyn nac anifail fawr gwaeth o gerdded y ffordd droellog a garw, a'i rhiwiau aml, a'i meithder.

Cofiaf y tro y bûm yn oedi ym mynwent Pantycelyn. Fel y gellid disgwyl, mae golwg hen ar bopeth yno. Wyres i Howell Meredith, a fu â rhan amlwg yn sefydlu'r achos crefyddol yno, a gladdwyd gyntaf yn y fynwent yn y flwyddyn 1776, a hithau ond 19 mlwydd oed. Ceir bod saith o weinidogion wedi eu claddu yno o'r flwyddyn 1823 hyd 1884.

Er mor gyfyng yw'r adeiladau yno, cynhaliodd y Bedyddwyr rai o'u prif wyliau yno o dro i dro. Sylwais ar yr esgynfaen a geir o hyd wrth un o furiau'r Capel, ac er nad oes ddefnyddio arno mwyach, mae yno lawer i'n hatgoffa am sawl cenhedlaeth o grefyddwyr a ddeuai yno i flasu ac i fwynhau mwynder yr Efengyl a hynny ar gefn ceffyl.

Capel Ystrad-ffin

Cyn codi capel Soar-y-mynydd cawn fod rhai o bobl addolgar yr ardal yn mynychu capel Ystrad-ffin ar droeon, megis Cyfarfodydd Diolchgarwch am y Cynhaeaf a Chyfarfodydd y Pasg. Rhyw chwe milltir yw'r pellter rhwng y ddau gapel.

Y Parch. Daniel Rowland Llangeitho a osododd enwogrwydd ar gapel Ystrad-ffin, fel y gwnaeth mewn llawer lle arall. Bu ef yn gurad yno ym mlynyddoedd cyntaf y diwygiad crefyddol, ac yma y cyflawnodd rai o'i rymusterau pennaf, ond ataliwyd ef gan ryw esgob digrefydd hunanol, un nad oedd ganddo syniad am yr adfywiad crefyddol a oedd ar gerdded dros y wlad. Y tebyg yw fod Rowland wedi dechrau ymweld â chartrefi cymdogaeth Soar-y-mynydd yn y cyfnod y bu yn Ystrad-ffin, a'i fod wedi cynnal aml i oedfa wlithog yn y gymdogaeth o dro i dro. Cafodd Rowland ei ysgymuno ym 1741, a hwn oedd ei ysgymundod cyntaf, ond nid yr olaf. Wedi i Rowland adael, aeth yr hen gapel â'i ben iddo, a bu'n adfail am ryw bedwar ugain mlynedd ar ôl hynny. Tua'r flwyddyn 1821 ailadeiladwyd y capel, ond nid gan yr ardalwyr eithr gan y tirfeddiannwr, iarll Cawdor.

Capel Betws Gelynnin

Capel eglwysig oedd yr uchod, un sydd wedi mynd o gof y lliaws ers amser maith. Safai yn y trwyn brwynog rhwng afon Doethie a

Doethie-fach. Yr oedd yn un o'r saith capel a oedd â chysylltiad ag eglwys Llanddewibrefi. Prin iawn yw'r cyfeiriadau at yr hen achos neu'r capel hwn. Un cyfeiriad uniongyrchol a welais yn ysgrifenedig, a llythyr oedd hwnnw a ymddangosodd yn *Y Brython* ym 1861 gan un o'r enw 'Glan Brenig', a dyma'r llythyr yn ei grynswth:—

Capel eglwysig Maes-y-Betws

'Saif adfeilion yr hen gapel ar lan Doethie fach ym mhlwyf Llanddewi-brefi. Dywedir fod saith o gapelau yn perthyn i Eglwys Blwyfol Llanddewi-brefi yn yr hen amser, ac un ohonynt ydoedd Capel Betws Gelynin, yr hwn oedd yn gysegredig i Gelynin Sant, mab Cynyr Farf-drwch, yr hwn oedd yn ei flodau tua diwedd y bumed ganrif.

Yr oedd hen ŵr o'r enw Tomos Jones, Drain-llwyn-du, yr hwn a fu farw yn y flwyddyn 1830 yn 92 mlwydd oed. Yr oedd Tomos Jones yn cofio clywed ei fam yn adrodd iddi hi pan yn ifanc, fod yn y capel a syrthiodd pan oedd hi tua thair ar ddeg mlwydd. Bu hi farw yn y flwyddyn 1799 ac yr oedd yn 96 mlwydd oed pan fu farw. Yn ôl hynny, tua'r flwyddyn 1716 y syrthiodd y capel. Dywedai hefyd iddi hi fod mewn priodas ynddo pan oedd ei do wedi syrthio.

Cysegrwyd capel y Betws felly i Gelynin, un o bum saint eglwys Pumsaint. Yng Nghwm Cothi y mae carreg Pumsaint, talp o faen a phum pant arno. Dywed traddodiad mai'r pum saint hyn a bwysodd eu pennau ar y maen wrth lechu rhag rhyw reibiwr, ac mai dyna sut y ffurfiwyd y pantiau.'

Dywedir hefyd i'r Ficer Rhys Prichard o Lanymddyfri bregethu yno lawer tro, ac mai yma y gosododd amryw o'i foeswersi ger-bron ei gynulleidfa. Yr oedd y Ficer yn hoff o ddod am dro i sir Aberteifi, canys un o'r hen sir oedd ei fam. Yn ôl rhestr achau y Ficer, 'roedd ei fam o dylwyth saer-coed yn Llanwenog, ac 'roedd gan y saer coed hwnnw fab — John ap Lewis — a mab iddo yntau oedd John ap Thomas o Gwrtnewydd. 'Roedd gan y John ap Thomas saith o blant. Y trydydd plentyn oedd Mary; priododd hi â David Richards o Lanymddyfri, a mab iddynt oedd y Ficer Prichard.

Ceir dau enw yn yr ardal i'n hatgoffa am yr hen achos yn y cylch, sef Maes-y-betws a Phen-rhiw-clochdy. Ceir carreg fedd i'r

Thomas Jones Drain-llwyn-du uchod ym mynwent Llanddewi-brefi yn agos i dŵr yr Eglwys.

Ysgoldy Brynmeinog

Dyma fan cyfarfod arall nad oes bwrpas iddo erbyn hyn. Fe'i adeiladwyd ar dir ffarm Brynmeinog, y tir yn rhodd gan Thomas Jones y perchennog, lle y cynhelid yr ysgol sul cyn adeiladu'r ysgoldy. Fe'i adeiladwyd dan nawdd aelodau Capel M.C. Llanddewibrefi, yn y flwyddyn 1896. Erbyn 1930, blwyddyn ei chau, rhyw ddau aelod a ddeuai ynghyd. Bu'r ysgoldy hwn yn ganolfan grefyddol a diwylliannol i bobl a phlant cartrefi mynydd Llanddewibrefi, ac nid oedd neb yn gwarafun i unrhyw un o unrhyw enwad uno yno. Ceir llun o gynulliad adeg y 'te-parti' blynyddol yno wedi ei dynnu tu allan i'r ysgoldy pan oedd cartrefi'r mynydd yn lluosog. Daeth y trai, ac erbyn hyn mae mwy na hanner y tai byw yn wag. Pleser oedd edrych ar wneuthuriad yr adeilad tu mewn a thu allan. Gwaith y crefftwr medrus William Williams, Cefn-bedd, oedd y seddau a geid yno unwaith, yn ddigon da i unrhyw adeilad mewn unrhyw fan.

Dyna ni wedi bod yn sôn am amryw o achosion crefyddol yn yr ardal helaeth hon. Erbyn hyn, i bob pwrpas, digon di-lewyrch a llwydaidd yw a phopeth wedi heneiddio ers canrif neu ragor. Diolch bod rhywrai, er hynny, yn ymddiddori yn yr hen frwdfrydedd a'r sêl.

Troeon Chwithig

Byddwn yn ystyried y mynyddoedd hyn fel erwau unig a thawel; eto mae hanes yn ein hatgoffa bod anniddigrwydd a rhyfela wedi digwydd ar fynyddoedd Tregaron tua naw canrif yn ôl.

Bedair milltir o Dregaron, yn ardal Blaencaron, ceid 'Castell Rhyfel'. Safai'r Castell hwn tua hanner milltir o Tanygopa, lle sydd bymtheg cant o droedfeddi uwchlaw arwynebedd y môr. Awgrymir gan rai mai yma y bu'r frwydr erchyll rhwng gwŷr y de a gwŷr y gogledd yn y flwyddyn 1081, brwydr a adwaenir mewn llyfrau hanes fel Brwydr Mynydd Carn.

Naw milltir i'r dwyrain o Dregaron ceid 'Castell Camddwr'. Fe'i adeiladwyd ar dir corsiog yn agos i afon Camddwr gan Rys ab Owain a Rhydderch. Ymladdwyd brwydr fawr yma hefyd, ym 1075, rhwng milwyr Gronwy a Llewelyn, meibion Cadwgan ap Bleddyn gyda milwyr Caradog ap Gruffydd ap Rhydderch yn eu cynorthwyo yn erbyn milwyr Rhys ab Owain a Rhydderch ap Caradog, tywysogion de Cymru.

Mae enw'r afonig 'Rhyd-y-meirch' yn ymyl hefyd yn ein hatgoffa am gyfnod y rhyfeloedd hyn yn ogystal â'r enw 'Halog' a geid yn enwau dau dŷ a safai unwaith ychydig yn is i lawr na chapel Soar-y-mynydd. Pwy oedd Halog, anodd penderfynu, ond dywedir mai milwr o bwys oedd ef a gollodd ei fywyd yn adeg y brwydrau uchod.

Ni fu hanes y mynydd yn lân a chlir o ambell anfadwaith ac fe groniclwyd rhai ohonynt. Soniaf yma am bedair llofruddiaeth a gyflawnwyd yn rhai o'r cartrefi ar y mynydd.

Y Fanog

Croniclir am hanes erchyll a ddigwyddodd yn Y Fanog tua diwedd yr ail ganrif ar bymtheg. Un diwrnod galwodd Albanwr heibio yno, ac yn ôl yr hanes trafaelio yr oedd y dyn dros gwmni o fasnachwyr. Bu i ŵr Y Fanog ei lofruddio er mwyn dod o hyd i'r arian yr oedd yn eu cario. Yr oedd morwyn Y Fanog yn dyst i'r hyn a ddigwyddodd. I geisio cadw'r hanes rhag lledu lladdodd gŵr Y Fanog y forwyn hefyd; yna fe gariodd ei chorff i fan arbennig yn nant Croes-nant ychydig yn is i lawr na'r Fanog, a'i osod o dan raeadr yno. Ymhen tua thri mis y deuwyd o hyd i'r corff, a chymerwyd y dyn i'r ddalfa. Cafodd sefyll ei brawf, fe'i profwyd yn euog o'r ddau anfadwaith a'i grogi.

Lladd ym Moelprysge

Digwyddodd dwy lofruddiaeth ym Moelprysge, dwy a gyflawnwyd gan Evan Edward Williams, y sawl a drigai yno. Yr hanes cyntaf amdano yw iddo ladd ei frawd. Yna yn y flwyddyn 1721 fe laddodd ei wraig. Dyn meddw, cas ac afradlon oedd E. E. Williams. Weithiau arhosai ddyddiau o'r bron i feddwi yn nhafarnau Pontrhydfendigaid. Un prynhawn aeth ei wraig i'w nôl o'r dafarn a cherddasant nes iddynt ddod i ymyl Blaenglasffrwd; yno mynnodd yr adyn aros nes iddi dywyllu ar y mynydd. Ar 'Ben y Bwlch' tynnodd gyllell allan o'i boced a thrywanu ei wraig; bu hithau farw yn y man a'r lle. Codwyd carnedd o gerrig yno gan eu cymdogion i gofio lle digwyddodd y weithred erchyll.

Llofruddiaeth Nanstalwyn

Yn agos i dri chan mlynedd yn ôl 'roedd gŵr gweddw o'r enw Humphrey Jenkins yn byw yn ffarm Nanstalwyn. Yn ei gynorthwyo 'roedd ganddo ddau was a dwy forwyn.

'Roedd gŵr Nantstalwyn wedi derbyn deugain punt o arian yn ddiweddar a gwyddai ei weithwyr hynny, a'i fod wedi eu cuddio mewn cist yn y tŷ. Hynny a'u symbylodd i gael gwared ohono. Un tro pan oedd yn sychedig, rhoddodd y forwyn ddiod iddo gyda gwenwyn yn gymysg. Ar ôl iddo ei yfed, deallodd ef fod rhywbeth o'i le. Yn y tŷ fe gadwai botelaid o 'Salad Oil' ac fe yfodd hwnnw i gyd er ceisio gwrthweithio'r gwenwyn. Felly ni lwyddodd y cynllwyn i'w ladd y tro hwnnw.

Wedyn, penderfynwyd ar gynllun arall, ac un diwrnod dyma ddanfon y gwas bach allan i'r mynydd i fugeilio er mwyn cael gwared ohono. Rhwymasant 'hosan wstyd' am wddf eu meistr a'i dagu, yna'i gario i'w wely yn gorff marw. Ymhen deuddydd daeth cymydog o'r enw Daniel Prydderch heibio a holi am ei gyfaill Humphrey. Aethant ag ef i'r ystafell wely ac er mawr ofid iddo, nid yn glaf yr oedd Humphrey fel y dywedwyd wrtho gan y forwyn, ond yn farw. Dihangodd y gwas, efallai i Loegr neu Iwerddon, ac ni chaed hyd iddo byth. Ymhen rhyw ddwy flynedd aeth yn ffrae rhwng y ddwy forwyn, ac aeth y forwyn fach at yr heddlu ac adrodd holl hanes y llofruddiaeth. Cafodd hi bardwn am iddi gyffesu'r cyfan a chafodd y forwyn benna ei dienyddio.

> Ar y trydydd o Fai diwedda
> Y rhoed hi dan y pren dioddefa;
> Mewn pyg a llysg hi gadd ei llosgi
> Yn ulw mân wrth Aberhonddu.

Er dianc o'r gwas penna rhag y gosb o'i grogi yn y flwyddyn 1699, fe fethai yntau ag anghofio yr hyn a wnaeth.

> Aed i Loegr, aed i Werddon
> Fyth ni ddianc rhag trallodion;
> Cerdded dir a môr lle gallo,
> Mae gwaed ei feistr gwirion ganddo.

Fe orffen y gân fel hyn —

> Dyma rybudd i bob Cristion
> Wachlyd trachwant a byw'n union,
> Rhag cael eu barnu i boen tragwyddol
> Am eu drwg i'r ffwrn uffernol.

'Roedd yr Humphrey Jenkin uchod yn perthyn i Gwen Nant-rhwch y sonnir amdani mewn pennod arall a hefyd i John Jones, Y.H., Cilpîll, Llangeitho a Nantstalwyn.

Diogelwyd y gân sy'n rhoi'r hanes hwn ac fe'i ceir yng nghasgliad llyfrau y diweddar J. H. Davies, Cwrt-mawr, yn y Llyfrgell Genedlaethol. Dyma a geir ar yr wynebddalen—

Llofruddiaeth neu Gân yn dangos marwolaeth
Mr. Humphrey Jenkin,
yr hwn a laddwyd rhwng ei was a'i ddwy forwyn.
Yn rhoddi gwir ac union hanes o'r modd y llosgwyd
un o'r Morwynion wrth Aberhonddu y trydydd
dydd o fis Mai, a'r gwas a ddihangodd ymaith
o'r wlad.
Gwneuthuriad Philip Thomas Caerfyrddin.
Argraffwyd dros Evan William gan J. Ross,
M.D.C.C.; LXXII.   (1772)

Lle hanesyddol

Y mae ogof yn y graig uchel islaw Nantstalwyn. Gelwir hi yn
'Ogof Lewsyn ap Moelwyn' am iddi fod unwaith yn gartref i
ysbeiliwr pen-ffordd o'r enw hwnnw. Nis gellir erbyn hyn ddyfalu
pa bryd yr oedd yn byw. Canodd un o'r beirdd gân drawiadol i'r
ogof yma —

Bu hon o waith natur yn lloches i'r lleidr
A'r defaid a'r geifr ddoent yma am dro,
Bu Lewsyn ap Moelwyn yn llechu am ronyn
Pan oedd o flaen gelyn yn cilio.

Cadwyd aml i draddodiad yn fyw ymhlith pobl y mynydd. Yn y
blynyddoedd cynnar, cyn bod na radio na llawer o lenyddiaeth i'w
darllen, adrodd hen hanesion y byddai'r rhieni i'w plant i basio'r
amser, a'r hanesion hynny â llawer o flas yr ardal arnynt. Dyma rai
sydd wedi eu diogelu.

Ffynnon y Brodyr

Ar ochr y ffordd sy'n arwain o Dregaron i Abergwesyn, o fewn
dwy filltir i'r lle olaf, y mae ffynnon fechan yn tarddu o'r graig, a
gelwir hi 'Ffynnon y Brodyr'. Amser maith yn ôl yr oedd dyn o'r
enw William Pelly yn byw mewn tyddyn o'r enw Aberyceinciau,

ond fel 'Magwyr William Pelly' yr adwaenir y tyddyn gan drigolion y cylch. Gadawodd brawd i William y cartref ddeugain mlynedd cyn hynny, a phawb yn y gymdogaeth wedi ei anghofio yn llwyr. Un prynhawn daeth gŵr trwsiadus at dŷ William Pelly yn marchogaeth march glas gosgeiddig. Wedi cnoc ar y drws aeth y forwyn allan i'w gyfarfod, a dyma'r dyn yn gofyn am ei frawd. Dywedodd y forwyn wrtho fod William Pelly wedi mynd i Abergwesyn ar neges a'i bod yn ei ddisgwyl yn ôl unrhyw funud. Gofynnodd i'r dyn dieithr roi'r ceffyl yn yr ystabl, ac aeth y forwyn i nôl ychydig o frwyn yn fwyd i'r ceffyl — brwyn a gynaeafwyd y flwyddyn gynt. Pan ganfu perchen y march glas olion cymaint o dlodi, dywedodd —

> Ni phawr y march dulas
> Mo frigau'r brwyn gwyrddlas
> Gŵr ni ardd, ni chwardd ei was.

Aeth y dyn ar ei union i gyfarfod â'i frawd. Daethant i gwrdd â'i gilydd yn ymyl ffynnon. Nid oedd yr un o'r ddau yn adnabod y llall. Meddyliodd William Pelly fod ganddo gyfle i ddod o hyd i dipyn o arian oddi ar gorff y dyn dieithr golygus. Aeth yn ysgarmes ac yn y ffrwgwd lladdwyd y ddau frawd, a chafwyd eu cyrff yn ymyl y ffynnon a adnabyddir byth er hynny fel 'Ffynnon-y-brodyr'.

Y Clogyn Gwyn

Byddai llawer o adrodd hanes gŵr y clogwyn gwyn. Lleidr defaid oedd hwnnw ac fe wisgai glogyn gwyn, a hynny tua'r adeg pan oedd Williams Pantseiri (a anwyd yn Nôl-goch) yn 'frenin y mynydd'.

Byddai William Williams yn poeni'n fawr o weld rhan o'i stoc yn cael eu lladrata'n barhaus. Yn y nos y gwisgai'r lleidr ei glogyn gwyn. Yna âi i orwedd a ffugio cysgu mewn lleoedd arbennig ar y mynydd. Camgymerai'r defaid ef am hwrdd, a phan ddeuai'r rhain i'w ymyl gan fwriadu cysgu yno, fe gydiai'r gwalch ynddynt yn hollol ddidaro a'u clymu a mynd â hwy ar ei gefn. Daeth rhai o wŷr y mynydd i wybod pwy oedd y lleidr, a dywedodd William

Williams wrth y dynion eraill, os digwyddai rhywun ddal y lleidr wrth y gwaith, y gofalai ef y byddai'n cael ei grogi. Daliwyd ef cyn bo hir a William Williams oedd yr Uchel-sirydd pan grogwyd ef yn y flwyddyn 1751.

Marw Crwydryn ar y Mynydd

Ar yr 22ain o fis Chwefror 1927, pan oedd ar ei ffordd i edrych am y defaid, daeth James Edwards Nantstalwyn o hyd i gorff dyn, tua hanner milltir o'r tŷ. Bernir mai crwydryn oedd, wedi mentro croesi'r mynydd o Abergwesyn a hynny ar yr adeg waethaf o'r flwyddyn, ond ni ddaeth neb i wybod ei enw, na'i helynt chwaith. 'Roedd golwg druenus ar y corff pan ddarganfuwyd ef. 'Roedd pobl Nant-rhwch wedi gweld rhywun, crwydryn efallai, yn pasio'r tŷ ryw dair wythnos cyn hynny. Yn ôl y cwest a gafwyd arno, bernid ei fod tua 46 mlwydd oed, iddo gael ei drechu gan wyntoedd cryfion o'r gorllewin a'i fod yn teithio am Dregaron. Cludwyd ei gorff ar gambo i dafarn y 'Grouse Inn', Abergwesyn a chladdwyd y truan gyda gwasanaeth claddu llawn ym mynwent eglwys Llanddewi Abergwesyn.

Marwolaethau ac Angladdau

Ymhobman diflastod a geir adeg marw un o'r teulu, a bydd popeth dan gwmwl am gryn amser ar ôl y digwyddiad. Ond pan ddigwyddai marwolaeth yn un o gartrefi'r mynydd, 'roedd yna hefyd lu o anawsterau i'w hwynebu. Byddai raid i rywun weithiau gerdded rhai milltiroedd i nôl y saer coed a oedd i wneud yr arch, a byddai raid eto gario'r arch i dŷ'r ymadawedig. 'Roedd y chwithdod hefyd yn fwy am nad oedd cyfeillion a pherthnasau yn gallu dod yn hwylus iawn i gydymdeimlo yn bersonol.

Wrth gwrs, dydd pryderus fyddai dydd yr angladd, yn arbennig os digwyddai'r amgylchiad yn ystod y gaeaf pan oedd y dydd yn fyr a'r tywydd yn ansicr. Cadwyd aml i hanes yn fyw gan mor hoff fyddai'r teuluoedd o adrodd hanesion, a'r rheini'n dod i lawr o un genhedlaeth i'r llall. Er enghraifft, 'slawer dydd ar ffarm yng Nghwm Pysgotwr, rhwymwyd corff yr ymadawedig ar gart llusg, â rhaff o rawn yn ei glymu, yna fe'i tynnwyd gan ferlen i'r fynwent. I ble? Nis gŵyr neb erbyn hyn.

Yr oedd yn arferiad y pryd hwnnw ganu emyn tu allan i ddrws y tŷ cyn i'r angladd gychwyn oddi yno. Dyma ran o'r emyn a arferid ei ganu ambell dro —

> Nid yw ein bywyd ni ond brau
> Fel edau wlân neu'r dydd ar drai,
> Nesu'n nes yr ŷm i farn
> Awn oddi yma ar bedwar cam.

Byddai hen drigolion y mynydd yn adrodd am bethau annymunol yn digwydd adeg claddu'r penteulu. Ceid rhwygiadau rhwng gwahanol deuluoedd o'r un tras, a gwelid penllanw'r casineb nos yr angladd, pan geid weithiau ymladdfeydd o'r natur greulonaf. 'Roedd hyn cyn i'r cyffro crefyddol ddod i oleuo a gwella moesau pobl ar hyd a lled Cymru.

Rywbryd yn gynnar yn y ganrif ddiwethaf daeth geneth ifanc o'r enw Jane yn forwyn i ffarm fynydd Nant-rhwch. Yr oedd hi yn enedigol o ardal Abergwesyn. Un diwrnod cneifio yn Nant-rhwch daeth bachgen ifanc o'r enw John i helpu yno wrth y gwaith. Yr oedd ef yn byw mewn ffarm yng Nghwm Pysgotwr. Y dydd hwnnw ymserchodd John a Jane y forwyn yn ei gilydd yn fawr. Wedyn bu John (er bod ganddo saith milltir o ffordd) yn mynd i weld ei gariad yn gyson hyd nes dod dydd eu priodas. Yna wedi symud eu cartrefi nifer o weithiau aethant i fyw i Bysgotwr, ac yno y bu Jane, neu Siân fel y'i gelwid hi gan ei chydnabod, farw yn bedwar ugain a phum mlwydd oed. Treuliodd y ddau fywyd hapus ar y mynydd ac yn nodweddiadol o deuluoedd yr ardaloedd hynny buont yn groesawgar a charedig i bawb a ddeuai yno ar eu tro.

Bu Siân farw ar y dydd cyntaf o'r flwyddyn 1876, ac un a oedd yn yr angladd oedd Jenkin Lloyd, mab ffarm y Pant (yn ymyl pentref Llanddewibrefi), a dyma hanes yr angladd ganddo ef. Aeth ef i'r angladd ar gais ei dad gan farchogaeth cobyn pedair mlwydd oed; ei gwmni oedd Joseff Morgan, siopwr y pentre. Yr oedd y daith i Landdewi Abergwesyn yn ddeunaw milltir, a hynny dros lawer o dir gwyllt a chorsiog digysgod.

Tua deg ar hugain oedd nifer y rhai a gariai yn eu tro y corff ar elor. Fel cadfridog yn arwain yr orymdaith yr oedd Nathaniel Jones, y Dinas, cymydog i Siân. Âi ef o'u blaen ar gefn merlen flewog a choler rhawn yn ei phen, ac ef, trwy amnaid â'i ffon gollen, a fyddai'n galw pob tîm o bedwar yn eu tro. Cyn cychwyn yr angladd enwid pedwar gŵr arbennig i gario'r elor drwy'r afonydd, megis y ddwy Ddoethie, yr afon Tywi yn nes ymlaen, ac aml i nant wyllt arall. Y diwrnod hwnnw 'roedd pob pwll yn llawn dŵr, a phob cors yn anodd i'w thramwy. Ceid aml i enw lle diddorol ar y daith angladdol hon, sef Rhiw-Celynnin, Rhiw-yr-ych, a Chefn-coed. Oddi tanynt 'roedd cwm Nantybenglog, ac ar waelod y cwm y pryd hwnnw 'roedd tŷ o'r un enw. Ychydig cyn adeg yr angladd hon fe ddywedir i ferch golli ei hunig blentyn trwy ddamwain yn y fan honno, a dyna, meddir, a symbylodd Cerngoch i ganu'r triban hwn —

> Wel dyma gwm ysgythrog
>   Na ddring ond cath neu sgwarnog,
> O gwared fi rhag magu plant
>   Yng ngolwg Nantybenglog.

Ymhen rhai oriau pasiai'r angladd heibio i gapel Soar-y-mynydd lle bu John a Siân Jones, Pysgotwr, yn cyrchu i addoli drwy'r glaw a'r gwynt, oerfel a thes, am tua thrigain mlynedd. Oddi yma teithiai'r angladd gan gadw golwg ar Bantyclwydau, ac afon Tywi. Er oered yr hin y diwrnod hwnnw chwysai'r cwmni, yn enwedig wrth fynd dros y mannau garwaf ar y daith. Ar ôl teithio rhagor na thair milltir dygodd Nathaniel hwynt i olwg dyffryn Irfon. Heb fod yn hir disgynnent trwy goed Llwynderw a gwelent yr hen eglwys a'r fynwent yn y pellter. Cadwodd Jenkin Lloyd, mae'n debyg, gyfrif, a bu dan yr elor saith tro a deugain. Cyrhaeddodd yn ôl i'w gartref ychydig wedi hanner nos, ef a'i geffyl, yn lluddedig dros ben.

Angladd arall y bu hir gofio amdani yn yr ardaloedd o amgylch Llanddewibrefi oedd un gwraig weddw Rhaglan-wynt — lle anghysbell ar y mynydd. Wedi marw ei phriod yn Rhaglan-wynt daeth hi i fyw i bentref Llanddewibrefi. Ei dymuniad oedd cael mynd yn ôl i'w chladdu gyda'i theulu ym mynwent Bwlch-y-rhiw. Bu farw yn niwedd mis Ionawr, ac ar ddydd ei hangladd troes glaw trwm y bore yn eira tua chanol dydd. Ond daliwyd ati ar waetha'r hin — heibio Bryn-glas, y mynydd, ac ymlaen heibio'r hen gartref, Rhaglan-wynt, ar y daith o tua un milltir ar bymtheg i'r fynwent. Daeth y cwmni bach yn ôl yn ddiogel drwy'r tywyllwch yn hwyr y dydd. Dau o'r gwŷr a fu'n cario y tro hwnnw oedd Charles Davies a Daniel Rees Jones o bentref Llanddewi. Gan nad oes garreg fedd gan y teulu ym mynwent Capel Bedyddwyr Bwlch-y-rhiw, nid oes modd gwybod yn iawn pa flwyddyn y digwyddodd hyn, ond rywle tua diwedd y ganrif ddiwetha y bu.

Angladd arall yr adroddid amdani oedd un Jane Edwards, Moelprysge, a fu farw yn 54 mlwydd oed. Fe'i claddwyd ar y seithfed o fis Ionawr 1886 ym mynwent Llanddewi Abergwesyn. Dechreuodd luwchio cyn i'r cynhebrwng gychwyn o Foelprysge, a daliodd felly ar hyd yr wyth milltir o'r cartref i'r fynwent. Arhosodd y mwyafrif o'r rhai a aeth gyda'r angladd yn Abergwesyn dros y nos, ond mentrodd amryw o'r dynion fynd drwy'r lluwch a'r oerfel a chyrraedd adref rywbryd ar y bore drannoeth. Y sawl a arweiniai y cwmni bach yn ôl am ran o'r daith oedd William Lloyd, Garreg-lwyd, ger Pontrhydfendigaid, a ddaeth yn ddiweddarach (trwy briodi â merch William Bebb) i ffarmio'r Criclas ar lan Cors Caron. Eraill yn y cwmni oedd John Jones, bugail Pantyclwydau, John Jones Nant-llwyd, a William Roberts Nantneuadd. Cyfrifid William Roberts yn un o ddynion cryfaf y mynydd, ond y noson honno bu raid iddo fwyta eira ar ei daith yn ôl rhag iddo lewygu.

Adroddai Rhys Jones Bronrhelem amdano'i hunan yn grwt ifanc yn niwedd y ganrif o'r blaen yn cario mewn angladd a godai allan o Nant-y-graig, tŷ a safai heb fod ymhell o Gapel Soar. Yr oedd yn ddiwrnod poeth yn yr haf, a'r daith i fynwent Llanddewi Abergwesyn, yn faith, a phrin oedd y cludwyr. Wedi mynd dros Gefn-coed ac aml i ros anwastad cyrhaeddwyd Rhiw-yr-ych. Gan fod y rhiw hon mor serth, disgynnai'r pwysau yn ormodol ar ysgwyddau'r ddau olaf o'r rhai a fyddai'n cario. Ar ben y rhiw gosodwyd yr elor i lawr, a gofynnwyd i'r galarwyr a oedd yn dilyn yr angladd ar eu ceffylau dod i'w helpu ar y gweddill o'r daith. Daeth y galarwyr, sef y dynion, a rhannu'r baich gyda'r cludwyr lluddedig.

Ni chodwyd pont dros afon Tywi ger Nantstalwyn hyd dau-ddegau'r ganrif hon. Dim ond pompren a geid yno i groesi'r afon cyn hynny. Adroddir am angladd yn 'codi mas' o Nantstalwyn am y fynwent yn Nhregaron. Daeth brec dau geffyl o westy'r Talbot, Tregaron, i nôl y galarwyr. Digwyddai'r diwrnod fod yn un glawog iawn. Pan gyrhaeddodd y galarwyr yn ôl yn y brec o'r angladd yr oedd dŵr yr afon ymhell dros ei glannau, a'r bompren o'r golwg yn y dŵr. Ni fentrodd y cerbyd groesi a gorfu i'r perthnasau aros allan am oriau hyd nes i'r llif gilio cyn iddi ddod yn bosib iddynt orffen eu taith.

Enghraifft o ansicrwydd y tywydd yn y gaeaf a'i effaith ar deuluoedd a drigai ar y mynydd oedd adeg lluwch enbyd 1946-47, pan fu farw gŵr Cefn-resgair-fawr ar lethrau'r mynydd o war Tregaron. 'Roedd y ffyrdd cul sy'n arwain i 'Dre'r Tyweirch' wedi eu cau gan eira ac fel hynny y buont am wythnosau. Rhaid felly oedd ymlwybro gyda'r arch dros y caeau a ffeindio'r ffordd orau o'r tŷ i fynwent Bwlch-gwynt yn Nhregaron.

Yn yr un adeg hefyd y bu farw Dafydd Harris, gwas Nantygwarnog, a rhaid fu ymlwybro orau y gallent dros y mynydd am filltiroedd lawer ar droed gyda'r arch i fynwent Llanddewibrefi.

Cariwyd hefyd gyrff rhai degau o'r bugeiliaid a'u teuluoedd yn eu tro ar bob math o dywydd i 'dŷ eu hir gartref' ym mynwent Ystrad Fflur. Gwyddai'r dynion a gariai i'r dim ble i droedio, a ble i groesi'r nentydd.

Dyna rai o helyntion adeg claddu anwyliaid ar y mynydd.

Gweithiau Plwm

Bu unwaith ar y mynyddoedd hyn, o Gwmberwyn hyd Lanfair Clydogau, weithiau plwm yn gymysg ag arian. Ceid fod pobl yn awyddus i ddod yn gyfoethog yn fuan gan fod galw mawr am y cynnyrch hwn.

Y cyfeiriad cyntaf, mi gredaf, at waith plwm yn yr ardaloedd hyn yw hanes taith yr hanesydd John Leland a deithiodd sir Aberteifi rhwng 1530-40. Dywed ef mai rhagolygon am blwm a fu'n symbyliad i wneud i ffwrdd â'r fforest fawr a oedd wedi aros ym mhlwyf Llanddewibrefi rhwng afonydd Pysgotwr a Thywi a elwid 'Coedwig yr Esgob'. Yn ôl un adroddiad torrwyd y goedwig i lawr yn nechrau'r ail ganrif ar bymtheg. Ceid fod un gwaith plwm o eiddo Syr Walter Lloyd i'w gael yn y plwyf y pryd hwnnw.

Bu trai a llanw mewn rhagor nag un ystyr yn hanes y gweithiau plwm drwy'r wlad, ac nid oedd cymdogaeth Llanddewibrefi yn wahanol yn hyn o beth.

O gychwyn yng Nghwmberwyn i lawr hyd Lanfair Clydogau enwir nifer o safleoedd y gweithiau hyn. Nid yw hyn yn golygu bod llawer o ddatblygu wedi digwydd ar amryw ohonynt.

Dyma restr o'r rhain:

Cwm-y-graig-goch.

Tan-y-gaer. Safai yn ymyl ffarm Tan-y-gaer.

Fachdre. Fe'i canfyddwyd flwyddyn yn gynt nag un Tan-y-gaer.

Nant-fach-ddu. Fe'i cychwynnwyd mor ddiweddar â 1862.

Gwaith-fach. Pedair milltir i'r gogledd o Lanbedr Pont Steffan.

Gwaith Pont-glan-rhyd. Adwaenid ef hefyd fel 'Gwaith Mynydd-bach'.

Gwaith Cwm Robert. Ceisiwyd cychwyn ei weithio tua 1800. Hefyd enwir y gwaith yng ngweithgareddau y Llanddewibrefi Silver Lead Mining Co. ym 1856.

Gwaith y Rhysgog. Ceir sôn amdano yn nes ymlaen.

Cwm-brefi.

Troed-rhiw-ruddwen.

Brynambor.

Rhydtalog.

Dalar-Wen. Safai hwn bum milltir a hanner o Lanwrtyd.

Y tri gwaith pwysicaf, ac y ceir mwyaf o gyfeiriadau atynt yw:

Gwaith y Rhysgog. Dywedir i'r gwaith hwn fod unwaith yn eiddo i Syr Huw Middleton ond ni ellir bod yn sicr o hynny. 'Roedd yn gweithio mor gynnar â'r flwyddyn 1770. Bu'n cael ei weithio am ddau dymor gyda blynyddoedd o segurdod rhwng y ddau gyfnod. Unwaith trefnwyd i gael dŵr at y gwaith o olchi'r plwm, yn fwyaf arbennig o Lyn Berwyn, a'r ffos yn cael ei hatgyfnerthu gan ddŵr o Nant-y-garn. 'Roedd y ffos yn chwe milltir o hyd, ond mae'n debygol na ddiweddwyd y gwaith o dorri'r ffos. Gorffennwyd gyda'r gwaith yno yn gyfan gwbl yn y flwyddyn 1862. Ffurfiwyd unwaith y Rhysgog Mining Co. Ltd. gyda chyfraniadau o £15,000 (mewn mân gyfraniadau o bunt yr un.) Symudwyd rhod ddŵr gwaith Rhydtalog i waith y Rhysgog, ond er yr holl lafur a'r caledwaith, mae'n debyg i'r gwaith yma ddod i ben yn fuan ar ôl symud y rhod yno.

Gwaith Brynambor. Safai hwn yn ymyl afon Pysgotwr Fawr sy'n llifo i afon Tywi yn sir Gaerfyrddin. O bentref Llanddewibrefi y byddent yn mynd yno, dros chwe milltir o daith, a pheth ohoni dros dir corsiog, a'r uchder dros 1,300 o droedfeddi uwchlaw arwynebedd y môr. Nid oes sicrwydd pa bryd y dechreuwyd ei weithio. Ceir hanes iddo gael ei ailweithio ym 1860 dan gyfarwyddyd Mathew Francis, un a oedd unwaith yn oruchwyliwr dros sir Aberteifi i'r cwmni John Taylor a'i Feibion. Yr oedd Mathew yn frawd i Absalom Francis a ysgrifennodd y gyfrol *The History of the Cardiganshire Mines.* Yr oedd y cwmni hwn yn berchen ar saith mil o gyfraniadau gwerth punt yr un yn y gwaith. Yn ddiweddarach fe'i adnabyddid fel Brynambor Lead Mining Co. Tua'r flwyddyn 1872 cychwynnodd y cwmni godi adeiladau newyddion yno, efail gof ac amryw o fythynnod i weithwyr fyw ynddynt, ond oherwydd anawsterau ariannol methodd y cwmni eu gorffen. Tybed a welir olion o'r hen adeiladau yno erbyn hyn?

Dywed yr haneswyr i'r gwaith hwn gael ei or-ganmol, ac nad oedd yn deilwng o'r canmol hwnnw.

Cwm Brefi. Safai y gwaith hwn bob ochr i'r afon neu'r nant a elwir Dulas, cyn ei bod yn uno ag afon Brefi. Fe'i perchnogid gan y Rhysgog Mining Co. Deuwyd o hyd iddo yn y flwyddyn 1854 a buwyd yn ei weithio rhwng 1856-62. Ceir hanes peth o'r gwaith hwn yn y *Mining Journal.*

Dyma air neu ddau am dri gwaith arall.

Troed-rhiw-ruddwen. Anodd ei leoli erbyn hyn. Safai mewn man unig tua chwarter milltir cyn dod i'r lôn gerllaw afon Doethie. Erbyn hyn mae'r tir wedi llithro dros yr agoriad. Weithiau, meddid, gellid canfod gronynnau o gopr crai yn nŵr yr afon yn ymyl. Agorwyd y lefel yno gan ddau frawd o fwynwyr yn y flwyddyn 1871. Tra oeddynt wrth y gwaith, lladdwyd un o'r brodyr drwy i ran o ddaear syrthio arno, ond ni wyddom ddim o hanes y gwaith ar ôl hynny.

Cwm-y-graig-goch. Ychydig o hanes a geir am y gwaith hwn. Cyfeiria Walter Davies, yr hanesydd, ato, a dweud fod mwyn wedi ei godi yno, a bod y gwaith yn agos i Graig-y-fintan yn ymyl Cwmberwyn.

Gwaith Rhydtalog. Safai hwn tua hanner milltir yn is i lawr na chapel Soar-y-mynydd. Y tebyg yw mai y darn tir o amgylch y gwaith oedd yr un cyfoethocaf mewn plwm o'r holl weithiau a enwyd. 'Roedd arian yn gymysg â'r plwm yno. Rhaid fod y rhag-olygon yn obeithiol, canys codwyd tŷ i'r capten i fyw ynddo yn ymyl y gwaith ac adwaenid ef fel 'Tŷ Capten'. Buwyd yn gweithio yno eto hyd 1770, yna bu'r lle yn segur am gyfnod ar ôl hyn. Ceir cyfeiriad at y gwaith hwn eto yn y *Mining Journal* am y flwyddyn 1870.

Daeth gohebydd o'r cylchgrawn hwn i lawr un tro i ardal Soar-y-mynydd a bu'n ymddiddan â hen weithiwr o'r enw Jack a oedd yn byw yn yr ardal, ac a fu'n gweithio yng ngwaith plwm Rhydtalog, a chofiai hanes y gwaith yn ôl hyd 1770. Cyn ailagor y gwaith cafodd y perchnogion newydd hefyd lawer o hanes y gwaith gan Jack cyn adeg ei gau. Rhoddodd ef lawer o wybodaeth werthfawr i'r perchnogion newydd. Erbyn hynny 'roedd rhod ddŵr y gwaith wedi ei gwerthu a'i symud i waith y Rhysgog.

Yn y flwyddyn 1840 prynwyd y gwaith gan Mathew Francis, a oedd â ffydd fawr yn nyfodol yr antur, a dywedai fod gwerth £1,800 o blwm wedi ei werthu oddi yno mewn blwyddyn. Eto yn y flwyddyn 1854 prynwyd ef gan Henry Gibson i gwmni a oedd yn berchen gweithfeydd y Gilfach a Llanfyrnach yn sir Benfro.

Yn ôl adroddiad a geir amdano ym 1868, 'roedd y fusnes yn eiddo i David Jeremy Ysw., Llanymddyfri.

Ceir cyfeiriad at y gwaith plwm hwn droeon fel un cyfoethog mewn plwm ac arian.

Yr oedd gwaith Rhydtalog yn un o'r rhai mwyaf diarffordd o'r holl weithiau yn y cymdogaethau hyn. O ble tybed y deuai'r dynion i weithio yno? Mae'n wir fod yna rai tai byw yn yr ardal y pryd hwnnw nad ydynt ar gael erbyn hyn, a bod ambell i benteulu yn cael gwaith yno. Er hynny, deuai rhai cannoedd i weithio yno. Anodd meddwl y gallai'r dynion ddal ati i wneud siwrne ddyddiol o bentrefi fel Llanddewibrefi a Thregaron neu Abergwesyn a'r llwybrau mor arw a digysgod. Efallai mai canlyniad i'r anhawster hwn oedd bod carfan o fwynwyr o Gernyw wedi dod i weithio i Rydtalog tua diwedd y cyfnod pryd y gweithid yno.

Anodd hefyd oedd symud peiriannau bach a mawr i'r gwaith anghysbell hwn. Sut y llwyddent i gael y rhodau dur anferth i leoedd fel y Rhysgog a Rhydtalog, er enghraifft, cyn bod llawer o ffyrdd o unrhyw fath wedi eu llunio? Faint o geffylau a ddefnyddid tybed i symud rhodau i'r gweithiau uchod?

Ceir hanes am un Mr Rees, Pont-faen, ger Llanbedr Pont Steffan, wedi ymgymryd â symud rhod ddŵr o borthladd Aberaeron i waith arian Llanfair Clydogau. 'Roedd pwysau'r llwyth yn bedair tunnell ar ddeg. I symud y llwyth o Felin-fach, Dyffryn Aeron, i fyny hyd ben uchaf rhiw Bryngolau 'roedd ganddo wyth ar hugain o geffylau yn tynnu â'u holl nerth. Cyn cyrraedd pen y rhiw suddodd yr olwynion i'r bôn yn y ffordd a bu raid gadael y cyfan ac ailgychwyn ar y gwaith bore trannoeth i fynd â'r llwyth i ben ei siwrnai.

Beth hefyd am symud y plwm o'r gweithiau i borthladdoedd bae Aberteifi neu i dref Caerfyrddin? Ni cheir yr un cyfeiriad bod neb wedi defnyddio cychod i'w gludo ar yr afon o ben uchaf dyffryn Tywi. Gallwn dybied na fu yr un anturiaeth yn y lleoedd a enwais yn llewyrchus ac yn llwyddiannus iawn, er bod cyflogau'r gweithwyr a weithiai yno yn afresymol o isel ac amodau gwaith yn druenus o wael. Y ffactor bwysicaf oedd y pris yn y farchnad blwm. Bu ei bris ar un adeg yn uchel dros ben ond syrthiodd yn isel iawn yn y blynyddoedd 1878-1885. Yr hyn a effeithiodd ar y farchnad blwm yn y wlad hon oedd y mewnforio dybryd o blwm o'r Ysbaen. Cwympodd ei bris o hynny ymlaen o flwyddyn i flwyddyn nes gwelwyd cau y rhan fwyaf o'r gweithiau yn y sir hon.

Er hynny gwnaeth aml i ddyn anturus ffortiwn wrth ymhél â'r fasnach hon. Dywedir mai wrth weithio y rhain y gwnaeth Syr Huw Middleton ei ffortiwn fwyaf.

Mae'r cyfan o'r hen weithgarwch wedi mynd — peth ohono dan ddŵr Llyn Brianne — ac mae amser wedi bod wrth ei waith yn malurio'r cyfan y bu dyn yn ei godi.

Pennu Ffiniau ar y Mynydd

Digon anghysurus yn aml oedd bywyd rhwng cymdogion ar y mynydd cyn tynnu rhyw fath o ffiniau rhwng tiroedd y gwahanol ffermydd. Aed ati i wneud hyn rhwng blynyddoedd 1880-88. Daeth rhai Saeson i wneud y gwaith yn y gwahanol ardaloedd, yn y wlad yn ogystal ag ar y mynydd.

Ygrifennodd y bardd David Cledlyn Davies amdano ef pan oedd yn grwtyn yn helpu un o'r syrfeiwyr wrth y gwaith. Dywedai ef mai'r dynion hyn oedd yr ail o'r pedair gang a saernïodd fap yr *Ordnance Survey*. Câi Cledlyn wyth swllt yr wythnos am ei waith yn helpu'r gwŷr hyn. 'Roedd yntau yn falch dros ben am y tâl a gâi.

Bu un o blant y mynydd hefyd wrth yr un gwaith a hynny tua'r un amser, sef David Jones, mab ffarm y Dinas ar y mynydd, a ddaeth cyn diwedd ei oes yn brif fugail defaid Y Fanog. Bu ef yn helpu am tua blwyddyn a hanner. Câi ef swllt a chwecheiniog y dydd am ei waith yn cario gêr y mesurwr.

Mesurid y mynydd o afon i nant, ac o nant i afon, a ffwrdd â hi. Ymhen dwy flynedd tynnwyd ffiniau swyddogol, ac ar ôl hynny ceid mwy o heddwch rhwng pobl a châi'r defaid hwythau fwy o lonyddwch a chwarae teg.

Cyn codi siedau i gadw gwair ac ŷd ar ffermydd gwaelod gwlad, dibynnai y ffermwyr hynny am frwyn o Gors Ddalfa i doi'r teisi. Deuai'r ffermwyr i fyny i'r Gors i dorri'r brwyn lle y mynnent. Torrai'r ffarmwr ystod pladur o amgylch y darn y byddai yn ei hawlio am y tymor. Wedi i'r ffiniau gael eu tynnu, ni châi gwŷr y wlad mwyach ddod i dorri'r brwyn cyn y 12fed o fis Awst. Erbyn hynny byddai ffermwyr y mynydd wedi cael digon o amser i orffen eu cynhaeaf gwair. Ni fyddent hwy, ffermwyr y mynydd, yn cychwyn ar eu cynhaeaf hyd nes bod y cneifio drosodd.

'Roedd Cors Ddalfa neu Gors Olfa, a fesurai tua chan erw, yn nodedig am ei brwyn hirion a phraff.

Ni cheid heddwch bob amser rhwng gwŷr y wlad a gwŷr y mynydd, yn arbennig yn ystod y ganrif ddiwetha. Credai rhai o ffermwyr y tir isel mai hwy oedd piau rhannau o'r mynydd, ond y gwir oedd mai honni perchnogi tir y mynydd a wnaent. Deuent â'u hanifeiliaid i bori i'r un man bob haf, a hynny yn ystod yr adeg y cododd aml i dyddynnwr dai-unnos. Yr un oedd yr hanes ar y Mynydd-bach hefyd. Cofiwn am helynt y 'Sais Bach' a brynodd stad yno gan y llywodraeth, ond gorfu iddo yn y diwedd ffoi, a mynd yn ôl i Loegr a gwerthu ei stad ar y Mynydd-bach am yr hyn y gallai ei gael amdani.

Ni chofnodwyd fawr ddim am yr anghydfod a fu rhwng ffermwyr y wlad a ddeuai â'u stoc i'r mynydd i bori dros fisoedd yr haf yn ardal fynyddig Llanddewibrefi a thyddynwyr y mynydd. Er hynny, adroddai un David Williams, Pant-gwyn a fu'n byw ar y mynydd, fel y byddai i gnwd ambell i ffarm fach gael ei ddifa gan berchnogion yr anifeiliaid trwy iddynt agor y llidiardau, ac fe fyddai'r cnwd addawol o ŷd yn cael ei ddifa'n llwyr.

Ni fynnai ffermwyr y wlad gredu fod y rhan fwyaf o ffermwyr bach y mynydd wedi prynu eu tir gan Gomisiwn Tir y llywodraeth a oedd yn eiddgar i dderbyn yr hyn y gallent ei gael am y tir cwmin agored.

Bu Cors y Ddalfa, a adwaenid hefyd gan rai fel 'Figyn Llan-ddewi', yn boblogaidd iawn. 'Roedd y gors hon yn rhydd i'r sawl a oedd yn byw o fewn pellter arbennig i fynd i gynaeafu mawn yno heb dâl yn y byd amdano. Hyd y gellid, ceisiai y rhan fwyaf o fferm-wyr ac eraill gynaeafu o ddeg ar hugain i ddeugain llwyth o fawn, ac o gael y rhain yn ymyl eu cartrefi yn yr hydref, 'roedd eu pryder ynglŷn â thanwydd lawer yn llai am y gaeaf a oedd i ddod.

Byddai ugeiniau o bobl y mynydd a'r pentrefwyr yn manteisio ar y fargen, a byddai hyd yn oed bonedd plas y Foelallt yn cael eu tanwydd o Gors y Ddalfa. Byddai'n werth mynd ddwy filltir neu dair i gael y fath drysor am ddim ond y llafur o'i gynaeafu.

I ambell i deulu 'roedd mynd i'r Gors yn y gwanwyn fel diwrnod ar lan y môr. Pam lai, canys 'roedd yr hin yn dyner — yr awel yn ffres ac yn bur a'r olygfa o'r gors yn un arddunol; gellid ar ddiwrnod clir ganfod bae Aberteifi yn ei ogoniant oddi yno. 'Roedd y gwmnïaeth hefyd yn un hapus, a gellid canfod hyd ddeg ar hugain o deuluoedd yn ymgynnull yno yr un dydd i dorri mawn. Adeg y prydau bwyd llifai'r storïau hen o enau y pennau-teuluoedd, a'r plant yn arbennig yn llyncu'r rhain cystal â'r un pryd bwyd. Adroddwyd yma gan lawer to yr hanes o'r traddodiad am Gors y Ddalfa, a sut y cafodd hi yr enw hwn.

I'r dwyrain o'r Gors ceid rhimyn a elwid 'Disgwylfa', ac oddi arno y byddai'r hen Frythoniaid yn gwylio'r gelyn. Llwyddasant i'w twyllo a'u denu i mewn i'r Gors, yr hen frodorion felly wedi trechu am y tro.

Yn raddol aeth y teuluoedd a ddibynnai am danwydd o Gors y Ddalfa yn llai o flwyddyn i flwyddyn, a gwelwyd y trai amlwg wedi i'r rheilffordd newydd o Gaerfyrddin i Aberystwyth gael ei hagor tua'r flwyddyn 1866, a phan ymsefydlodd masnachwyr glo a nwyddau amaethyddol ym Mhontllanio a Thregaron.

Llanddewibrefi a'r Mynydd

Y cof cyntaf sydd gennyf am Landdewibrefi yw edrych draw tuag yno ar ddiwrnod heulog clir pan fyddwn yn gweithio ar gaeau ffarm yn ardal Llwynpiod. Wrth gymryd ambell i hamdden, edrychem draw a gweld y caeau ar y llechwedd yr ochr draw i'r pentref. I mi 'roedd y llunio a fu wrth dynnu'r cloddiau oddi amgylch i'r caeau bach fel rhyw frodwaith arddunol.

Ymhen blynyddoedd deuthum i wybod mai'r enwau ar y gymdogaeth honno oedd Pentre-rhew a Phentre Richard (unwaith ardal y tai-unnos.) Mae rhai o'r lleoedd, fel Nercws, wedi diflannu ond fe erys ambell un, a dengys hyn fel mae hen arferion a hen ddulliau o fyw yn rhoi ffordd i ddulliau newydd. Erbyn hyn clymu maes wrth faes a welir. Yma unwaith yr oedd Ffynnon Dewi, hithau wedi mynd, gan i rywun dihidio yn y gorffennol adeiladu ei dŷ lle safai'r ffynnon. 'Roedd rhyw brydferthwch yn perthyn i hen enwau'r cylch fel Tancastell, Neuadd-y-berllan, Pebyll, a Caerwenlli.

Plas y Foelallt

Un o ryfeddodau ac un o atyniadau plwyf Llanddewibrefi am rai canrifoedd oedd 'Plas y Foelallt'. Safai'r plas a'i hen ogoniannau yng nghysgod craig y Foelallt rhwng y pentre a'r mynydd. Ychydig iawn, yn ôl yr herwydd, a groniclwyd o'i hanes, ond bu sôn am y rhialtwch a fu rhwng ei furiau, hefyd y priodasau rhodresgar a gododd allan oddi yno, hefyd yr angladdau lu a adawodd y lle, a'r cynhesrwydd a fu yn ei neuaddau dros rai canrifoedd. Bu plas y Foelallt yn lle ysblennydd, gyda'i barciau helaeth, a threfnus. Ceid llawer math o goedydd yn tyfu o'i amgylch — cedrwydd Lebanon, yr Ywen, a'r Sycamor, ac amryw o goedydd eraill, a phlanhigion a gedwid er mwyn gwella afiechydon.

Dywed Meyrick, yr hanesydd, i'r Parch. David John Williams a oedd yn ddisgynnydd i Gruffydd, Arglwydd Llansadwrn, werthu'r plas i Walter Lloyd, mab Jonathan Lloyd, Llanfair Clydogau. Daeth y lle yn ddiweddarach yn eiddo Thomas Johnes o'r Hafod Uchtryd, a gwerthodd yntau ef i un Thomas Smith. Bu Walter Lloyd yn aelod seneddol yn y flwyddyn 1810. Cawn hefyd i'r Thomas Smith Ysw. uchod fod, yn rhannol gydag esgob Tyddewi, yn berchen ar waith plwm y Rhysgog a safai yn yr un plwyf.

Ym mhlas y Foelallt unwaith y bu yr Arglwyddes Lloyd, ail wraig Syr Herbert Lloyd o Ffynnon-bedr, Llanbedr Pont Steffan yn byw. Digon anghysurus fu bywyd yr arglwyddes yno. Ffrind i aelodau teulu Nanteos oedd Edward Richard, yr ysgolor o Ystrad Meurig. Mae ef yn cyfeirio at y wraig hon yn un o'i fugeilgerddi —

> Er niwl ac anialwch, a thrawster a thristwch
> Daw dyddiau dedwyddach, hyfrytach i'r fro;
> Daw Anna i dywynnu cyn nemawr, cân imi,
> Di weli blwy' Dewi'n blodeuo.

'Roedd yr Anna uchod yn ferch i William Powell o blas Nanteos, ger Aberystwyth. Bu'n briod gyntaf â Richard Steadman o Ystrad Fflur, ac ar ôl ei farw ef ymbriododd â Syr Herbert Lloyd. Claddwyd hi ym mynwent Ystrad Fflur.

Y cyfeiriad olaf a welais at blas y Foelallt yw iddo gael ei werthu yn gyhoeddus yn Hydref 1856 yng ngwesty'r 'Llew Du', Llanbedr Pont Steffan. Ceir tipyn o fanylion am yr adeiladau a geid yno. Amgylchynid y plas gan bedwar ugain erw o goedydd. Dim ond tair ystafell wely a berthynai i'r adeilad, gydag un ystafell ychwanegol i wisgo. Ymhlith y tai allan ceid tŷ i gadw mawn. Ceid hefyd *lodge* cyn mynd at y plas. Yn fuan wedi hynny tynnwyd y cyfan o'r adeiladau i lawr.

Nid oes garreg ar garreg yn aros o'r plas erbyn hyn. Pan dynnwyd ef i lawr, aeth rhai o'r cerrig i adeiladu y dafarn Maesderi Arms, a saif yn Llanio yn ymyl afon Teifi, a rhai eraill ohonynt i adeiladu tŷ ffarm y Foelallt. Defnyddiwyd aml i ddrws a berthynai i'r plas, a gwelir rhai ohonynt wedi eu gosod yn nhŷ ffarm y Foelallt.

I'n hatgoffa am yr hen blas a chraig y Foelallt ceir enwau lleol, fel Cefnfoelallt ar un o ffermydd y fro, a thafarn y Foelallt yn y pentre ei hun.

Hynafiaeth y Pentre

Blodeuodd pentre Llanddewibrefi yn gynnar yn y canol oesoedd. Sefydlwyd ffeiriau yma mor bell yn ôl â 1302, a hynny'n weddol fuan ar ôl dod â'r defaid cyntaf i'r rhes mynyddoedd sy'n cysgodi'r pentre. Ym mis Awst 1326 cynhaliwyd ffair yma a barhaodd am dri diwrnod. I'r ffeiriau hyn y dygai ffermwyr y mynydd eu gwlân i'w werthu. Dygent ef yn eu gamboed a gwerthid ef am hyn a hyn y topstan, a deuai prynwyr gwlân i'r ffeiriau hyn o fröydd mor bell â chymoedd sir Forgannwg.

Yn gynnar iawn ceir bod menywod y pentre a'r cylch yn fedrus yn y grefft o wau hosanau a siolau i'w gwerthu. Deuai'r gwragedd a'r merched ynghyd i dai ei gilydd yn eu tro i wau, a chael cwmni, a hefyd i arbed tân a golau. Diwrnodau i edrych ymlaen atynt hefyd i'r gwragedd a'u plant oedd mynd i wlana i'r mynyddoedd yn ymyl. Ceir un pennill bach doniol sy'n sôn am gyfnod y gwau hosanau yn y pentre —

Ceir yn Llanddewibrefi
Hen wraig fach lân a mwyn
Yn gwau hosanau cynnes
I ddeiliaid dôl a thwyn;
Nid yw hi byth yn brefu
Fel llo, na dafad chwaith,
Ond mae hi'n gallu canu
A chwerthin wrth ei gwaith.

Ceid fod dynion wrthi'n gynnar yn y grefft o drin gwlân yn y pentre a'r cylch. Ceir carreg fedd i un Daniel Dafis (hosier) ym mynwent y Crynwyr yn Wern-driw. Bu farw yn y flwyddyn 1784. Ceid hefyd dair ffatri wlân yn y cylch yn ystod y ganrif ddiwethaf, sef Ffatri'r Foelallt, Ffatri Dafydd Pannwr, a Ffatri Jerry. Yr oedd hefyd unwaith brynwr hosanau yn byw yn y pentre.

Trigai y rhan fwyaf o'r crefftwyr yn y pentre a gwelid masiyniaid a seiri yn eu tro yn mynd i gartrefi'r mynydd i gymhennu tipyn ar y gwahanol dai, os yn bosibl yn ystod misoedd yr haf a'r hydref.

I'r pentre hefyd y deuai'r bugeiliaid i gael sgwrs a chymdeithas, ac os yn bosibl troi yn ôl cyn ei bod hi'n nosi, a'u hysbrydoedd yn ysgafnach, gan fwmian ambell i gân fach ar y daith yn ôl. Bugail adnabyddus a pharchus oedd Tom Elias Lloyd, a dreuliodd y rhan helaethaf o'i oes yn bugeilio yn Esger-goch a'r Rhysgog ar y mynydd, lle y bu farw. Magodd ef a'i wraig deulu lluosog, a bu'r broblem o ddanfon eu plant i'r ysgol ddyddiol i Landdewi yn un a bwysodd yn drwm arnynt.

Bugail hefyd oedd Rhys Lloyd, un o'r meibion, a daeth ef a'i briod i dreulio diwedd eu hoes yn y pentre, gan adrodd storïau i hwn ac arall, a chadw'n fyw rai o hen hanesion y mynydd, a gwahanol brofiadau'r bugeiliaid, yn arbennig unigedd y gaeaf yno. Adroddent hefyd am lwybrau'r defaid, am hirddydd haf a melyster cân yr ehedydd.

Banc y Crug

Ar ran o'r mynydd, ond heb fod yn rhy bell o'r pentre, mae 'Banc y Crug'. Dyma un o'r lleoedd mwyaf hyfryd a bendigedig i dreulio prynhawn ar ei gopa. Mae'r awel yn falmaidd a'r golygfeydd oddi yno yn rhai i ddotio arnynt. Mae'n werth yr ymdrech i'w ddringo. Dim ond y cyfarwydd a ŵyr y ffordd iawn i gyrraedd ei gopa. Rhaid cerdded y ffordd fynydd sy'n arwain am Blaen-twrch, yna troi ar y chwith ar ôl dringo'r rhiw.

Henebion

Mae llawer o henebion i'w canfod o amgylch tir uchel y mynydd, ac amryw o'r rhain hefyd wedi eu cofnodi gan hynafiaethwyr. O gerdded ochr y mynydd ceir llawer llecyn a charnedd i'n hatgoffa fod dyn wedi troedio yr erwau gwyllt a llwm hyn ganrifoedd o flynyddoedd yn ôl. Mae'n werth mynd mor bell â chopa Bryn Rhudd. Yno ar frig uchaf y mynydd mae carn o gerrig llwydion garw, heb unrhyw fath o unffurfiaeth ynddynt mewn llun na maintioli, gydag ambell garreg wen yn eu plith. Mae'r fan lle saif y garn arno yn 1,574 o droedfeddi uwchlaw arwynebedd y môr, a'r garn o ran maintioli tua 128 o lwythi. O gopa Bryn Rhudd hefyd gellir canfod aml i garn arall megis Crug-y-garn, Carn Graig Dwrch, Garnfelen, a'r Garn Gron. Defnyddid y rhain rywbryd fel safleoedd i syllu ohonynt i'r pellter i ddibenion arbennig. Mae arsyllfa arall hefyd sef 'Garn-y-Gwngoed', heb fod ymhell, sef tua chwe chan llath o gopa Bryn Rhudd.

I fyny yn nyffryn Brefi, mewn pellter o tua milltir ar lechwedd rhedynog godre Craig Ifan saif pump o godiadau amlwg o dywod, yn mesur tua saith llath o hyd wrth bump o led, a adwaenir wrth yr enw 'Beddau'r proffwydi'. Yr hen fugeiliaid, mae'n debyg, a gadwodd yr enw'n fyw am lawer canrif.

Yn ardal fynyddig Llanddewibrefi y ceid yr olion diwethaf o'r hen goedwigoedd yn y sir. Yn ôl un adroddiad, safai y coedydd hyn, a elwid 'Coedwig-yr-Esgob', rhwng afon Pysgotwr ac afon Tywi. Mewn man arall cyfeirir at bentre Llanddewibrefi — hefyd y mynyddoedd llwm, ynghyd â fforest anferth yn cyrraedd hyd at ffiniau sir Frycheiniog. Ar y mynydd 'roedd digon o borfa i'r gwartheg, a byddai'r gwenyn yn cynhyrchu llawer o fêl yn y parthau hyn. Torrwyd y goedwig i lawr yn nechrau'r ail ganrif ar bymtheg.

Yn ôl ffigurau am 1563-1708 cynyddai poblogaeth ardal Llanddewibrefi, tra gostyngodd poblogaeth ardaloedd Tregaron. Y rheswm, meddir, am gynnydd yma oedd fod y tir yn rhad, a bod digon o ddefnydd tân ar y gwahanol gorsydd ar y mynydd. 'Roedd hefyd angen gweithwyr yn y gwahanol weithiau plwm yn yr ardal hon, a hefyd ardal Llanfair Clydogau sy'n ffinio. Codwyd y rhan fwyaf o'r tai-unnos pan oedd mynd ar y gweithiau plwm.

Y Post-gwyn

Peth anghyffredin oedd gweld mynegbost yn unman ganrifoedd yn ôl, ond fe geid un ar fynyddoedd Llanddewibrefi. Gelwid ef y 'Post-gwyn'. Safai mewn man a allai achosi dryswch ar y mynydd lle y byddai rhagor nag un ffordd yn arwain i sawl cyfeiriad, a lle y cyferfydd pump o nentydd, a thua'r un nifer o lwybrau a ffyrdd o fewn rhyw ganllath i'w gilydd. Mae hyn yn profi fod llawer o bobl wedi bod yn dibynnu ar y mynegbost yma ar aml i adeg niwlog ac ar nosweithiau dileuad, a hefyd wedi ei fendithio ar ôl iddo ddod ag ymwared iddynt. Y pryd hwnnw (dros ddau gant o flynyddoedd yn ôl) 'roedd llawer o gyfathrach rhwng pobl sir Frycheiniog a'r gororau a phobl sir Aberteifi.

Pan oedd seiadau crefyddol Llangeitho yn eu bri, deuai'r lluoedd drosodd o gyfeiriad Ystrad-ffin a'r cyffiniau, ac ymhell y tu draw i Dywi, i Langeitho, a gwyddom i'r Parch. Daniel Rowland ddefnyddio'r ffordd hon pan oedd yn gurad yn Ystrad-ffin. Byddai eraill hefyd yn cerdded neu farchogaeth dros y mynydd. Wrth gwrs, teithiodd y Parch. William Williams lawer arni wrth fynd a dod i Langeitho, a gwyddai'n dda am ei lleoedd dyrys a dryslyd. Galwodd ef y darn yma o'r mynydd yn 'Fryniau Dewi' yn ei farwnad i un o'i Frodyr yn y Ffydd. Rhaid hefyd fod rhai o bobl ardal Llanddewibrefi yn mynychu yr hen gapel eglwysig 'Capel Gelynnin' ym Maesybetws.

Peidiwn ag anghofio hefyd am achos y Crynwyr yn Wern-driw, ger Llanddewibrefi, tua'r un adeg ag y daeth seiadau Llangeitho i fri. Ceir aml gyfeiriad at rai o arweinwyr y Crynwyr yn ymweld â Wern-driw. Yn y flwyddyn 1717 daeth un John Heydon, a oedd yn byw yn Odington, swydd Gaerloyw, i aros i Wern-driw, a bu farw yno o'r frech wen. Hefyd croesi'r mynydd a wnaeth John Griffiths o America a ddaethai i Gymru ym 1751. Daeth ef yng nghwmni ei frawd o sir Faesyfed i aros yn Wern-driw.

Ddwy flynedd yn ddiweddarach, sef 1753, daeth un arall o arweinyddion y Crynwyr, sef John Player, i Gymru, a bu'n aros yma am chwe wythnos, a bu yntau yng nghwmni un Morgan Price yn ymweld â Wern-driw. Dywed, 'We set forward over the mountains to the widow Anne Evans at Gwern Driw, at whose home we had a meeting on the morrow.'

Bu i bersonoliaeth danbaid y Parchn. Daniel Rowland, William Williams, a Howel Harris ynghyd â'u hapêl ysbrydol apelio'n fawr at y lliaws o werin sir Aberteifi nes i achos ion llai, fel y rhai yr oedd y Parch. Philip Pugh yn eu cynnal yn Llwyn-rhys, ac yn ddiweddarach ym Mlaenpennal a Llwynpiod, ddiffodd. Dyna hefyd a ddigwyddodd i achos y Crynwyr yn Wern-driw. Dim ond ychydig iawn o gerrig beddau a geir yn yr ardd feddau yno i'n hatgoffa fod cymdeithas o bobl o'r un anian a'r un daliadau wedi bod yn cyfarfod yno.

Beirdd Gwlad

Tua thrigain mlynedd a rhagor yn ôl ceid cnwd o feirdd gwlad bron ymhob cymdogaeth yng Ngheredigion. Y pryd hwnnw cynhelid eisteddfodau lleol yn y gwahanol ardaloedd, ac yn ddieithriad rhoddid testun ac iddo flas ardal i ganu arno.

Ar wahân i eisteddfodau a gynhelid yn Nhregaron ei hun, ceid rhai hefyd ym Mlaencaron, Rhiwdywyll a Soar-y-mynydd. Hoffai bardd gwlad gael testunau i ganu iddynt y gwyddai yn dda amdanynt. Un o'r beirdd hynny yn ei gyfnod oedd William J. Jones, mab ffarm Cefn-gaer, Pontrhydfendigaid. Ymbriododd â merch i Mr a Mrs Edwards, ffarm Nantstalwyn. Cefais ganiatâd gan ei fab a'i ferch, Richard a Maggie Jones Pant-y-craf, Blaencaron, i gynnwys peth o'i waith yma. Unwaith cynigid gwobr yn un o eisteddfodau Soar-y-mynydd am gân i'r Capel ei hun. Dyma'r un a enillodd y wobr, o waith W. J. Jones:—

Lle treigla'r ffrwd fynyddig
Yn fiwsig llawn o swyn;
Lle chwery'r awel dyner
Ar dannau lleddf y brwyn;
Lle nad oes sŵn prysurdeb
Na dwndwr masnach byd,
Yng nghanol y mynyddoedd
Y llecha Soar glyd.

I dorri ar ddistawrwydd
A thawel hedd y fro
'Does ond chwibaniad bugail
Wrth fyned ar ei dro;

I wylio'r praidd mynyddig
Sy'n pori ar y ffridd,
A bref gan ambell famog
O golli ei hoenig sydd.

I Soar fach y mynydd
Daw gwŷr yr uchel dir,
Gan dramwy llwybrau geirwon
Yn eiddgar dros y gwir.
A heddiw daw atgofion
Hiraethus drwy fy mron
Am aml oedfa wlithog
Gaed yn y deml hon.

Ymffrostied gwŷr y trefydd
Mewn cyfleusterau lu —
Encilion Ceredigion
A gâr fy nghalon i;
A chapel bychan Soar
Ar lan y Camddwr fad
Sydd fil anwylach imi
Na holl addoldai'r wlad.

Fe deimlaf ar rai prydiau
Ryw hiraeth dan fy ais
I fynd yn ôl i Soar
O helbul gwlad y Sais;
A byw yn y tawelwch,
Yr hedd a'r awyr iach
A geir ar y mynyddoedd
O amgylch Soar fach.

Unwaith yn un o eisteddfodau capel Blaencaron cynigiwyd
gwobr am gân i Ddyffryn Croes. Dyma'r dyffryn sy'n gorwedd
rhwng Tregaron ei hun a'r mynyddoedd o Flaencaron i fyny. W. J.
Jones a enillodd y wobr a dyma ran o'r gân:

Dyffryn Croes, o fangre dawel, cysegredig wyt i mi;
Mae rhyw fiwsig yn yr awel sydd yn chwythu drosot ti.
Mae y gwynt wrth fyned heibio fel yn sisial wrth y coed
Na chanfyddodd ef wrth deithio dy gyffelyb di erioed;
Os y ceir mewn gwledydd eraill rai dyffrynnoedd mwy eu bri,
Nid oes un a swyna'm calon o bob dyffryn fel tydi.
Dyffryn Croes, anwylaf lecyn, hoffus drigfan bore f'oes,
Gwyn fai 'myd fod eto'n blentyn ar hyd dolydd Dyffryn Croes.

Dyffryn Croes, boed i'r awelon sydd yn chwythu drosot ti
Ddwyn bendithion ar Dregaron ydyw fy nymuniad i.
'Rwyt uwchlaw y dre'n ymestyn ac yn agor tua'r nen
Fel i dderbyn pob rhyw wlithyn it ei dywallt ar ei phen.
Y mae'r defaid mân yn chwarae oll yn nwyfus hyd y twyn,
Ac yn murmur cân mae'r ffrydiau sy'n dyfrhau y dyffryn mwyn.
Y mae adar yn y llwyni un ac oll heb arlliw loes
Yn dyrchafu swynol gerddi i foliannu Dyffryn Croes.

Y mae hiraeth yn fy nghalon am gael eto roddi tro
I anedd-dai 'rhen gymdogion sydd yn trigo yn y fro.
Mae Brynhoewnant, Blaenau-Caron, a Phenpompren fawr ei
bri,
Tan-yr-allt, a Glanyrafon, oll yn fwynion iawn i mi;
Pant-y-craf a'r Parc anwylgu a Chaetudur, cartre'r gân,
Heddiw yn fy mynwes yn anwylach nag o'r blaen.
O na allwn roddi ffarwel i bob gofid, cur a loes
A chael treulio hwyrddydd tawel ar hyd dolydd 'Dyffryn Croes'.

Ysgrifennodd hefyd gân yn disgrifio'r cneifio ar ffarm
Nantstalwyn. Yn y gân mae'n cofnodi'r bobl a ddeuai yno, a llu o
bethau eraill. Gosodaf yma ychydig o gynnwys ei waith:

O bob rhyw fan y bûm erioed
Yn gweithio'n hynod lawen,
Ni fuais mewn un man sy'n bod
Cyffelyb i Nantstalwyn.

Mae'r oll o'r teulu yma'n llon
Ac eraill ddaw yn gryno,
Cans wythnos ryfedd, pwy a wad
Yw wythnos fawr y cneifio.

Mae gwaith y dydd yn dechrau —
Mae'n ferw drwy y lle,
A dyma'r waedd a glywid
'Nawr fechgyn bach i'ch lle'.

Ac yna y mae gwylltu,
A rhuthro am gael sedd,
A gwellaif dur disgleiria
'Run fath â gloyw gledd.

Mae deg yn gweiddi 'llwdn'
A phymtheg am gael oen,
Ac ugain am gael 'spralyn'
Heb wlanyn ar ei groen.

Fe gwplwyd Esgergarthen,
Dechreuwyd lot y Foel.
Mi welaf braidd Bryngarw
A phymtheg ar ei ôl.

etc.

Prydydd Arall

'Roedd Shelby Price yn fab i Mr a Mrs Rhys Price, o ffarm Llannercharfan, ger Abergwesyn. Pan symudodd ei rieni i fyw i ymyl Rhaeadr Gwy yn y flwyddyn 1842, mynnodd Shelby aros yn ei hen ardal, gan dreulio y rhan fwyaf o'i amser yng ngwasanaeth Mrs Jones, Nant-llwyd. Meddai Shelby Price ar barodrwydd dawn, a gellir deall ei fod yn ail i Gerngoch y bardd fel rhigymwr. Gwaetha'r modd, ni chofnodwyd ond ychydig iawn o'i waith. Dyma enghraifft neu ddwy i ddangos ei ddawn rigymu.

Cymydog yn dod i dŷ cymydog arall i ofyn am ellyn i siafio, a Shelby yno ar y pryd. Dyma'r gofyn —

O Dwmi fwyn ei dymer
  A wnewch chi fenthyg raser,
I dorri blew wrth dor y cro'n
  Ar wyneb Shôn yr hwper.

Gofynnodd gŵr y tŷ i'r rhigymwr ei ateb. Dyma fel y gwnaeth —

  Os 'dych i Shôn am shafo
    Eich gwyneb yma heno,
  Cewch raser lân, a'i min yn lew
    Fel na bo blew'n eich blino.

'Roedd ganddo restr hir o dribannau i gath a ddaliodd lygoden wedi i drap llygod ollwng ei afael arni. Dyma un pennill —

  Fe fethodd trap Rhydodyn
    Gan gymaint oedd y pryfyn,
  Ond titw fach â'i llygad llon
    A ddaliodd hon â'i hewin.

Un tro adeg cneifio Nant-llwyd, gwelodd Shelby un o'i gyd-weithwyr yn cysgu â'r gwellaif yn ei law. Cyfarchodd yntau y cwmni fel hyn —

  Wil Olifer a gysgodd rhwng y ddwy glwyd
  Wrth gneifio defaid i widw Nant-llwyd.
  Pe rhuai clych Paris a Rochester bell,
  'Rwy'n credu'n fy nghalon mai cysgu wnai'r drell.

Do, fe ddiddanodd Shelby Price ei ardal â llawer o rigymau parod; y trueni yw na welodd neb yn dda eu casglu ynghyd pan oeddynt ar gael.

Isgarn Davies

Mab y mynydd oedd Isgarn. Yno, yn nhueddau Blaencaron y treuliodd ei oes yn anwesu'r defaid a oedd dan ei ofal. 'Roedd yn byw yn y cyfnod pan oedd y rhan fwyaf o'r ffermwyr gwlad yn danfon eu defaid i bori i'w libertoedd ar fynyddoedd Tregaron, o ddechrau mis Mai hyd tua dechrau mis Hydref. Bu'n fugail gofalus, ac edrychai ar ôl y gwahanol breiddiau yn dda. Yn nhawelwch y mynydd y byddai wrth ei fodd, a bu i awelon y mynydd chwythu ei awen a'i godi i dir uchel ar brydiau. Bardd gwlad oedd yntau yn cael testunau i'w ganeuon yn ei ymyl. Cystadleuai mewn eisteddfodau bach a mawr. Enillodd lu o gadeiriau, a chlywais ef yn adrodd wrthyf am ei brofiad yn cario un gadair dderw drom a enillodd mewn eisteddfod ym mhentre Ffair-rhos. Gadael y lle am un o'r gloch y bore a chario ei gadair i'w gartre a oedd naw milltir i ffwrdd.

Eto diofal fyddai ohonynt ambell dro. Gwelais un o'i gadeiriau a enillodd mewn eisteddfod ym Mhontarfynach ymhen blynyddoedd ar ôl hynny yng nghartref Mr a Mrs Morgan Tyn-rhyd.

Bu Isgarn farw yn y flwyddyn 1947 yn ddyn trigain oed. Yn ôl ei ddymuniad, cafodd ei gladdu ym mynwent Ystrad Fflur yng nghanol llu o enwogion a orwedd yno.

Pan oedd yn gadael ei gartref mynyddig am y tro olaf am yr ysbyty yn Aberystwyth canodd fel hyn. Dyma ei ffarwel olaf i'w gynefin —

> Ffarwel i'r hen fynyddoedd mawr;
> 'Rwyn mynd o'ch gŵydd yn wysg fy nghefn,
> Rhag ofn na welaf chwi drachefn
> A sengi ar eich grugog lawr.
>
> Ffarwel i'r praidd, yr ŵyn a'r myllt;
> Ffarwel i'r hen, hen ddafad ddu;
> Mae hithau'n dwyn yn lliw ei chnu
> Fel finnau nod rhyw hybrid gwyllt.
>
> Ffarwel i'r gadair wrth y tân,
> A'r offer gwaith, mae'r rheini'n rhwd;
> Ac ni ddaw mwyach i mi'r mŵd
> O gorddi cerdd na seinio cân.

Dyma fel y canodd i 'Dderwen Tan-rallt' y dywedir i'r Parch. William Williams Pantycelyn un tro bregethu o dan ei chysgod.

Tydi sy'n hogi a chludo'r gêr
I fedi'r deri mawr a'r ynn,
Ac yn cael blas ar ffroeni pêr
Aroglau ysglod yn y glyn,
Os ei di ar dy siawns ryw dro
I'r cwm lle llifa Nant-y-groes
A hoffi praffaf bren y fro,
Ni fydd dy fargen yn ddi-foes.

Gwell i ti fwrw'r fwyall ddur
Â nerth dy fraich i'r glasfor hallt,
I rydu o fod nag ennill hur
Wrth dorri Derwen Tan-yr-allt.

Cans dani ar y gwndwn glas
Cyn bod un Bethel yn y plwy,
Bu Pantycelyn yn cael blas
Ar ganu am rin y marwol glwy.

Canodd ddau englyn coffa i'w gyfaill David Davies
Blaendoethie (lle a saif ar fynyddoedd Llanddewibrefi):

Dibennodd rodio bannau, — a daear
    Dawel henfro'i dadau;
A heno gwynt oer sy'n gwau
Ger ei lonydd gorlannau.

Hoffai'r hedd ar y ffriddoedd, — a seiad
    Soar y mynyddoedd;
Rhadlon ŵr dielyn oedd,
Didwyll i'w ffrindiau ydoedd.

Ceid llawer iawn o sôn gan wŷr y mynydd am 'lwdn strae' — un
oedd wedi colli ei ffordd a heb syniad ble i droi yn ôl am ei gynefin;
a dyma a ddywed 'Isgarn' am un felly:

Dyfod ar ei daith o rywle
Dyna'i hanes, lwdwn strae.
Dyfod gyda'r tywydd garw
Ond nid edrydd neb ei wae;

Wedi gwadu ei berchennog
Nid oes iddo randir gwell,
Mae y gaeaf wedi ei ddilyn
Ar ei daith i'r borfa bell.

Cael ei erlid gan fugeiliaid,
Dyna'i anffawd, rhaid i'r cŵn
Gyfarth arno, ond mae'r ddefod
Weithiau'n waeth na chadw sŵn.
Neidiodd nentydd y mynyddoedd
Lle mae'r llifddwr yn ddi-sarn;
Hoffwn innau feddu'r ynni
Guddiwyd yn ei bedwar carn.

Myned ar ei daith i rywle
Dyna'i hanes, lwdwn strae,
Nid yw'n aros i newid lleuad
Yn y nef i newid cae;
Nid yw'n chwilio adwy lydan,
Beth yw cloddiau iddo ef?
Mae ei ddeddfau ynddo'i hunan
Fel ei hiraeth yn ei fref.

Caiff ei gelu yn niadell
Rhywun pan fydd golchfa'n llawn,
Ac fe'i gwelir ar y cwmin
Wedi hynny'n tocio'r cawn;
Cael ei ddal yn Ffaldybrenin
Caiff ei arddel, dyna'r drefn,
A dychwelyd i'r mynyddoedd
Heb ei gnufyn ar ei gefn.

Cân dyner yw'r un a ganodd Isgarn i Mrs James Castell,
(bwthyn ar ochr y mynydd rhwng Tregaron a Phontrhyd-
fendigaid.) Treuliodd Mrs James ei hoes o bron i gan mlynedd yn y
bwthyn hwn. Yma y mae'r bardd yn lladmerydd i brofiadau yr hen
wraig.

Mae heno'n hwyrddydd haf yng Nglanyrafon
A chân a gwersyll bywyd ger fy nrws,
Yn cynnig ei ddiddanwch a gobeithion
Ieuenctid o fy nghylch yn gwenu'n dlws.
Dychwelodd Gwanwyn arall i'w gynefin,
Ond nid cyn cofio perthi Ystrad Fflur;
A hirddydd heddiw sy'n bererin
Ar lwybrau'r wlad yn cuddio olion cur.

Ond hydref einioes a'i brofiadau drylliog
Sy'n codi yn fy nghalon i er hyn
Fel stormydd blin a'u cenadwri miniog
Yn suddo'n waeau erch i'm bywyd gwyn;
Diolchwn fyrdd am ran o nwyd ac afiaith
Y Cread yn fy ysbryd dan ei ing.
Ond o ddyfnderoedd pell fy ymwybyddiaeth
Marwnad bruddaidd hunan heno ddring.

Daeth henaint ar fy ngwarthaf heb ei wahodd
Fel cwsg ar aeliau llafur fin yr hwyr,
Ac yn ei bresenoldeb sobr y diflannodd
Gobeithion hirfaith oes mewn llesmair llwyr;
Gwnes ymdrech i ohirio ei ymweliad
Trwy barchu'r hwn, ond nid yn ofer chwaith,
Ac er na feddaf heddiw ond fy mhrofiad
'Rwy'n teimlo'n gryf ar droeon ola'r daith.

Ces fyw i weled angau yn dibrisio
Coronau aur, a bri y ddaear hon,
A mi fy hun yn cael fy arbed ganddo
Mewn bwthyn dinod llwm am ganrif bron;
Ond teimlo wnaf, er hynny, mai aeddfedu
Mae f'ysgub innau i gynhaeaf Duw,
A beddrod llawer ffrind sy'n dal i dyngu
Mai byw i farw'r wyf, neu farw i fyw.

Pwy a wyddai'n well nag Isgarn am ddefaid a'u llwybrau? Dyma englyn o'i eiddo i un o'r llwybrau hynny:

> Igam-ogam ei agwedd, — a chulach
> Ei olwg ar lechwedd;
> Incil aur i encil hedd
> A dywys yn y diwedd.

Enwau

Adwaenir cymeriad a hanes ardal oddi wrth yr enwau a roddid ar y gwahanol leoedd, ac a adawyd ar ôl yn etifeddiaeth i'r oes bresennol.

'Roedd cymdogaeth Soar-y-mynydd o'r cychwyn wedi ei chynysgaeddu ag enwau Cymraeg prydferth a chyhyrog heb arnynt arlliw o flas estronol. Gallwn synied fod pob deiliad tir neu gartref wedi tynghedu ymhlith ei gilydd y byddent ffyddlon i'w hiaith a'u diwylliant, ac ni thorrodd yr hen bobl eu cymeriad yn hyn o beth. Os bu Gwyddelod yn byw yma rywbryd, (a'r tebyg yw iddynt lanio yma yn y cyfnod y bu y Rhufeiniaid yn byw yng Nghymru), ni cheir yr un enw Gwyddelig yn yr ardaloedd. Edrychais i mewn i'r hanes wedi i un o deulu Nantstalwyn ddweud wrthyf flynyddoedd yn ôl eu bod hwy fel teulu yn hanu o'r Gwyddelod. Fe ddywed rhai haneswyr wrthym i lwyth o Wyddelod, yn adeg teyrnasiad y Rhufeiniaid yng Nghymru, gael caniatâd i ymgartrefu mewn rhannau o sir Benfro, ac iddynt ymhen amser weithio eu ffordd am dueddau sir Gaerfyrddin. Daeth rhagor o Wyddelod eto i'r parthau hyn yn y bumed ganrif.

Dylem, fel cenedl, fod yn ddiolchgar i bobl y mynydd am ddiogelu eu treftadaeth rhag y snobyddiaeth a dyfodd mewn rhannau o Gymru yn ddiweddarach trwy roi i'w tai newyddion enwau Saesneg, rhai fel Teify Side yn lle Glanteifi. 'Roedd pobl y mynydd yn fodlon, a hefyd yn teimlo mai anrhydedd oedd cadw'r iaith Gymraeg yn lân a phur. 'Roedd hynny cyn dod o'r llu mudiadau a geir i ddiogelu ein diwylliant a'n hiaith. Clymodd yr hen oes eu delfrydau wrth eu crefydd, canys iaith gref William Morgan, fel y'i ceir yn y Beibl, a ddarllenent hwy yng ngŵydd eu plant.

I fynd yn ôl at yr enwau a geid yn yr ardal hon, cawn fod y

nentydd yn lluosog, a phob un ohonynt rywbryd wedi eu bedyddio ag enwau prydferth ac awgrymiadol dros ben. Yn ôl pob tebyg, enwau'r nentydd a gafwyd yn gyntaf, yna enwau'r tai a'r esgeirydd a chartrefi yn gysylltiedig ag enwau nentydd yn ddiweddarach.

Nentydd

'Roeddent yn niferus iawn a chafodd pob un ohonynt enw ryw dro neu'i gilydd. Daethant, ar ôl eu henwi, yn ffiniau rhwng y gwahanol esgeirydd, ac yn ddiweddarach aeth amryw ohonynt yn enwau ar ffermydd a chartrefi. Dyma rai enghreifftiau:

Ar dir *Nantstalwyn* ceid Nantstalwyn, Nant-y-ddalfa, Nant melyn, Nant 'Radar a Nant 'Rergyd.
Ar dir *Bronrhelem* — Nant-y-gelli, Nantgaseg, Nantgerwn, Nant-y-graig, Nant Allt-frân, Nant-rhelem, Nant Tryfal, Nant-yr-hafdre, Nant Cwm-du, a Nant-coeleth.
Nantcoy:— Enw nant yn rhedeg i gyfeiriad Tregaron gyda thŷ o'r un enw.
Nant-y-maen:— Erbyn hyn yn enw ar y ffarm.
Nant-llus:— Afonig fechan yng nghyffiniau afon Camddwr yn ardal Blaencaron. Ceir cyfeiriad ati yn rhai o'r trafodion ar diroedd a berthynai i fynachod Ystrad Fflur.
Ar dir *Nant-rhwch* ceid y nentydd hyn — Nant-cnwch, Nant-gwyn, Maes-nant, Nant-rhwch a Nant-y-bleiddiast.
Ar dir *Moelprysge* ceid Nant-Owen.
Ar dir *Dôl-goch* ceid Nant-y-bont, Hirnant, a Nantgerwyn.

Esgeirydd

Hyd ryw ddau gan mlynedd yn ôl adwaenid tiroedd uchel sir Aberteifi fel Esgeirydd. Ar y Mynydd-bach a'r cyffiniau enwid y gwahanol drumau yn Esgerfynwent, Esger-hir, Esgersaeson, Esgerhendy, ac ym mhlwyf Caron-Is-Clawdd ceir tair ffarm a alwyd, un yn Esger-maen Fawr, y llall yn Esger-maen Ganol a'r llall yn Esger-maen Fach.

128

Peth diweddar oedd rhoi enwau ar y caeau a dynnid i mewn a cheir wmbredd ohonynt ar hyd y wlad i gyd, enwau fel Shetinfedw, Cae-nos, Cae-dan-tŷ a Chae-lloi etc.

Er hynny tir agored fu y rhan fwyaf o fynydd Tregaron a pharhawyd i adnabod y gwahanol ddarnau o'r mynydd fel Esgeirydd.

Dyma enghreifftiau:

Moelprysge:— Ceid yno bedair Esger sef Esgerganol-wen, Llethr-llwyd, Esger Crug-yr-ŵyn, ac Esger Nant-Owen.

Esgergarthen:— Yno ceid Esger Waun-las a Bryngarw.

Nant-rhwch:— Dyma'r gwahanol enwau — Esger Nant-cnwch, Esger Rhiw-mawn, Esgernant-gwyn, Esger Nant-y-bleiddiast, ac Esger Maes-nant.

Bronrhelem:— Esger-hir, Esger-gors, Allt-frân, Craigyrhafdre, Gamallt, Esgergelli, ac Esger Rhiwhalog.

Rhai enwau a aeth ar goll

Hyd at hanner y ganrif ddiwethaf ceid trefedigaeth fechan o ryw ddeuddeg o gartrefi oddeutu cydiad afon Camddwr ag afon Tywi. Rhyw fân dyddynnod oeddynt, pob teulu yn cadw tuag ugain o ddefaid. Enwid y gymdogaeth honno yn Abergwrach. Y gwaethaf yw nad oes neb erbyn hyn yn gwybod enwau'r tai a oedd yno. Tri yn unig a gofia Miss Gladys Jones o'r enwau a glywodd gan ei thad Rhys Jones, Bronrhelem, sef Craflwyn, Gniach a Typica.

Wele restr o hen gartrefi a magwyrydd sydd wedi diflannu ers llawer blwyddyn bellach. Fe'u casglwyd o wahanol ffynonellau, ond nid yw'r rhestr yn un gyflawn.

Yn Nyffryn Tywi ceid y cartrefi a ganlyn:

Abercamddwr.
Aberdauddwr.
Abergwrach: yn nes i lawr na'r Fanog.
Bronrhelem.
Brithdir

Brithdir-bach Dywedir i gerrig muriau y ddau dŷ yma
fynd i adeiladu Capel Soar.
Bryn-brith.
Cwm-du.
Dalar-wen.
Dôl-goch: Erbyn hyn yn Llety Ieuenctid.
Esgergarthen: Enw arall arno oedd Pantyboidie.
Fanog — dan ddŵr Brianne.
Gribyn: dan ddŵr Brianne.
Hafdre.
Llwyn-brain.
Moelprysge.
Nant-neuadd.
Nantstalwyn: Yn wag ers amryw o flynyddoedd.
Nantybleiddiast: Rhwng Nant-rhwch a Phantyclwydau.
Nant-rhwch.
Pantyclwydau: Cynhelid ysgol sul yma am flynyddoedd.
Pen-lan.
Rhydtalog.
Rhiwfelen.
Troe-rhiw-halog.
Troed-y-rhiw.

Mae'r rhan fwyaf o'r enwau a ganlyn yng Nghwm Camddwr ac
i'r gorllewin hyd fynyddoedd Llanddewibrefi.

Blaendoethie.
Blaen-nant.
Brobwll.
Bryn-glas.
Bryn-glas. Hwn yng Nghwm Pysgotwr.
Brynowen.
Bwlch-ffin.
Bryn-mawr.
Brynmeiniog.
Cefn-garn.
Coli.
Cnwceithinog.

Cnwch-glas.
Cnwc-gwyn.
Craf-lwyn.
Dinas.
Doethie-fach. Cynhaliwyd un o ysgolion Griffith Jones yma.
Dôl-las.
Nantcoli.
Nantgronw.
Nantygwyddel.
Nantiwan.
Nantybenglog.
Nant-y-cae.
Nant-y-graig.
Nantygwarnog.
Pant-glas.
Pant-yfod.
Pencaeau.
Pencae-bach.
Penlan.
Pysgotwr.
Pysgotwr-fach.
Rhiwalog.
Rhyd-y-meirch.
Tanyroerfa.
Tir-bach.
Trawsnant.
Troedycynnull.
Ty'ncornel.

Esger-crwys.
Esger-garn.
Foel.
Ffos-y-ffin.
Ffrwdargamddwr.
Glan-crwys.
Gurnos.
Gwaroerfa.
Hafodunnos.
Pantunnos.

Y ddau enw hyn yn ein hatgoffa
am gyfnod tai o'r math yma.

Hafod-yr-hydd.
Lluest Glanrhoea.
Maesybetws.

    Gwelwn yn ôl y rhestr hon fod o leiaf bedwar ugain o gartrefi wedi diflannu erbyn hyn.